蒲蛰龍傳

麦淑萍 著

广东岭南古籍出版社
·广州·

图书在版编目（CIP）数据

蒲蛰龙传 / 麦淑萍著. —广州：广东岭南古籍出版社，2024.7
ISBN 978-7-80775-002-4

Ⅰ.①蒲… Ⅱ.①麦… Ⅲ.①蒲蛰龙（1912—1997）—传记 Ⅳ.①K826.15

中国国家版本馆CIP数据核字（2024）第091875号

PU ZHELONG ZHUAN

蒲蛰龙传

麦淑萍　著

出 版 人：肖风华

封面题字：陈永正
责任编辑：赵　璐　张榆琳
装帧设计：书窗设计
责任技编：周星奎

出版发行：广东岭南古籍出版社
地　　址：广州市越秀区恤孤院路12号（邮政编码：510080）
电　　话：（020）87776449（总编室）　（020）87774479（售书热线）
印　　刷：广东鹏腾宇文化创新有限公司
开　　本：889 mm×1194 mm　1/32
印　　张：9.875　字　数：175千
版　　次：2024年7月第1版
印　　次：2024年7月第1次印刷
定　　价：78.00元

版权所有　翻印必究

如发现印装质量问题，影响阅读，请与出版社（020-87778643）联系调换。

在国立中山大学就读时的蒲蛰龙。

1937年6月,蒲蛰龙(前排左一)和燕京大学研究院的老师、同学在清华园合影。

1949年，蒲蛰龙在美国明尼苏达大学获得哲学博士学位时与夫人利翠英合影。

1949年底,蒲蛰龙与妻子利翠英(左一)、妻妹利敏。

1966年5月,蒲蛰龙到湖南黔阳山区指导柞蚕饲养。

1973年,蒲蛰龙在四会大沙指导利用天敌防治害虫。

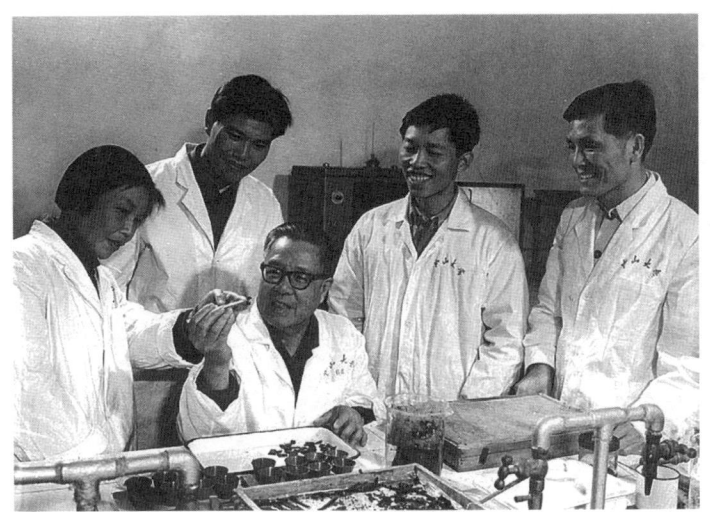

1973年,蒲蛰龙与青年教师一起研究防治斜纹夜蛾。

1974年,蒲蛰龙为大学生讲解以虫治虫。

1978年，蒲蛰龙在电镜旁工作。

1980年，蒲蛰龙在广州白云山考察防治松毛虫情况。

20世纪80年代初，蒲蛰龙在看水生甲虫标本。

1986年春节,蒲蛰龙夫妇在家中。

蒲蛰龙在家演奏小提琴。

1979年的蒲蛰龙。(郭绍纲绘)

序 言

蒲蛰龙先生是国际著名的昆虫学家、我国害虫生物防治奠基人，也是我的恩师。欣闻麦淑萍撰写的《蒲蛰龙传》将要出版，她请我写序，我感到十分荣幸，也恐言不尽意。

蒲蛰龙先生是一位受人尊敬的科学家和教育家，他把自己的才华毫无保留地奉献给祖国和人民，为我国生物科学特别是昆虫学的发展，以及高级专门人才的培养作出了杰出贡献。

蒲先生经常跟我们说："我国是一个农业大国，大多数人生活在农村，现在还很穷，我们学习外国先进的东西，立足点要放在国内，希望出国深造的年轻人不要忘记自己肩负的责任，学成就归来。"确实，中华人民共和国刚刚成立之时，他就毅然放弃国外优越的工作和生活条件，偕同夫人利翠英教授回到百废待兴的祖国。蒲先生的崇高品德和学者风范深深地感动了我们，受其人格魅力影响，当年中山大学昆虫学研究所不少到国外留学的年轻人,都愿意回到他的身边工作,我也是其中之一。得遇良师,何其有幸!

蒲蛰龙先生在中山大学创建了昆虫生态研究室、昆虫学研究所、生物防治国家重点实验室和生命科学学院。20世纪50、60年代,蒲先生成功繁殖赤眼蜂、平腹小蜂以防治甘蔗、荔枝等蔬果害虫,首次引进澳洲瓢虫、孟氏隐唇瓢虫以防治农林植物害虫,并率领研究团队到湘西指导农民饲养柞蚕,脱贫致富。70年代初,蒲先生率领中大生物系师生到四会大沙进行了大面积的水稻害虫综合防治试验,取得了巨大成功,他提出的以发挥天敌效能为主的害虫综合防治策略成为我国植保方针的精髓,他也因此成为我国生态文明建设、可持续发展理论与应用的先驱。

20世纪70年代以来,他开展了利用质型多角体病毒防治马尾松毛虫等"以菌治虫""以病毒治虫"害虫防治研究,为我国农林生产解决了许多实际问题。他领导中山大学昆虫学研究所承担了国家"七五""八五"和"九五"规划的多项国家高新技术发展重点攻关科研项目,开展分子生物学和基因工程的研究,并在20世纪90年代初成功研制我国第一个夜蛾科害虫的病毒杀虫剂"虫瘟一号",将多项研究成果转化成生产力。

蒲蛰龙先生热爱祖国、热爱人民,始终秉承着"科学报国"理念,严谨治学,淡泊名利,坚守教学、科研阵地。他甘为人梯、奖掖后学，是一位学贯中西而受人尊敬的科学家。蒲先生总是强调理论要紧密结合实际，并身体力行，锐意创新，"在科学的道路上永不言止"的精神影响了几代人。

2024年适逢中山大学百年华诞，《蒲蛰龙传》的出版，既是展现和缅怀杰出科学家、教育家蒲蛰龙先生光辉的一生，也是给母校一份厚礼：通过杰出校友蒲蛰龙院士科学报国的不凡事迹，激励更多的中大学子前赴后继，怀着对祖国的热爱之情、对科学的敬畏之心，追求真理，勇攀高峰！

蒲蛰龙先生一生赤诚报国，为民族振兴无私奉献了自己的全部才智。我们纪念蒲蛰龙先生，要学习他热爱祖国、热爱人民的高尚品德，传承他献身科学、敢为人先、求真务实的精神品格和谦虚谨慎、严于律己、艰苦朴素的崇高风范，做一名无愧于祖国和人民的科学家，为中华民族伟大复兴作出应有的贡献。

王珣章
中山大学原校长、广东省政协原副主席、致公党中央原副主席
2024年3月14日

自 序

1997年的最后一天，中国科学院院士、著名生物学家蒲蛰龙先生永远地离开了我们。得知蒲先生离世的消息，我不愿相信他已驾鹤西去——昨天不是还好好地跟他的几位得意门生谈笑风生吗？泪水止不住地流，蒲伯伯的音容笑貌犹在眼前。

记得1972年的夏天，中山大学蒲蛰龙教授和古德祥老师顶着酷暑前往广东省四会县大沙公社调研，这也是蒲教授第一次来到我家。听着父亲麦宝祥的介绍，目睹蒲教授不顾年事已高，前来广东省重要产粮区指导治理严重水稻病虫害工作，年少的我肃然起敬。此后的10多年里，在那个交通极不便利、条件异常艰苦的年代，蒲教授坚持带领中山大学研究团队蹲点大沙开展水稻害虫综合防治研究工作。我因上学，很少见到他，但偶尔回家听到父亲讲蒲教授的故事，都不禁心生敬意。

我从小喜欢读书，《十万个为什么》这类书籍常令我着迷。大学时读的是理工科，课余时间比较喜欢看名人传记，特别崇拜科学家。达尔文、伽利略、爱因斯坦、牛顿、居里夫人、吴健雄等科学家的传记，我百读不厌。1985年，我大学毕业分配到广州当中学老师时，父亲特意嘱咐我，蒲蛰龙和利翠英夫妇将全身心奉献给了祖国的科教事业，没有自己的孩子，你要把他们当成自己的父母那样关爱照顾。于是，中山大学的蒲宅成为我常去的地方。

1993年5月，我调到广东省文史研究馆工作。当年7月，我与父亲有幸和中山大学魏聪桂副校长等陪同蒲先生夫妇到肇庆、四会考察。在途中我跟蒲先生聊天时，有感于他的人格魅力和科研成就，有点唐突地对他说："蒲伯伯，我想写一本您的传记。"他笑呵呵地回答："好呀，好呀。"估计是看我一脸天真的样子不好推搪吧。

当时的我真是不知天高地厚，一个黄毛丫头居然要给大科学家写传记！然而不久后，当我到中大看望蒲先生时，他已收集并复印好一些资料给我，包括刚出版的《蒲蛰龙选集》。他告诉我，选集里梳理了他的科研脉络。

后来，我专门买了录音机，总是想办法抽时间去看望蒲先生夫妇，听他们讲故事。记得有一次我粗心大意，忘记按下录音键，到结束时才发现，我非常沮丧和自责，很不好意思地向蒲先生道歉。他并没有责怪我，只是看着我轻轻地说了一句："下次记得就行。"时至今日，那次失误还是令我难以释怀。

1995年后，蒲先生的身体大不如前，但他依然坚持工作。直到1997年10月7日，蒲先生因病重入院治疗，才停止工作。而直到蒲先生离世，我还没写出像样的文章来。我非常自责，责怪自己没有照顾好蒲先生，没来得及了解他的更多，更没有完成自己的承诺。蒲先生去世后，我怀着悲痛的心情，写下短文《感伤的追忆，永远的怀念》，发表在1998年1月21日的《广州日报》。

蒲蛰龙先生生前多次跟我讲起他的家乡广西钦州龙门岛的美。在他去世前，还念念不忘地对我说："龙门岛很美，小时候在家乡海边沙滩玩，抓到鱼、虾和螃蟹，直接煮熟就吃，味道特别鲜美。"我当时还安慰他说："等您病好了，我陪您回龙门岛。"遗憾的是，这样的机会已经没有了。

1998年9月底，我请假前往广西北海，蒲先生的侄女蒲建夫妇接我到钦州龙门岛。蒲先生的亲人们热情地接待了我，带我登上轮船，游览了整个钦州龙门岛。龙门岛风光旖旎，站在沙滩上看潮起潮落，吃着蒲家人从海里捞上来、直接放进锅里煮的鲜美螃蟹，感受着蒲先生曾娓娓道来的家乡的种种美好，听着蒲先生的亲人讲述他的故事……我的内心满怀敬爱和思念。

蒲先生，我终于看到美丽的龙门岛啦！

之后的一段日子里，我采访了燕京大学的金荫昌、唐冀雪，华南农业大学的赵善欢、刘秀琼、庞雄飞、陈守坚、钟家齐，广东省农科院刘志诚，广东省昆虫研究所黄明度，中山大学古德祥、魏聪桂、庞义、周昌清、张润杰、黄治河、张宣达、刘复生、卢爱平、刘昕，美国明尼苏达大学的姜淮章、林世平，以及邓德霭、林浪、利莉、钟凤仪等蒲先生的同学、同事、学生和亲友。在2000年春节，我撰写文章《生物环保第一人——蒲蛰龙》发表在2000年第1期《岭南文史》杂志上。

2000年后，由于工作变动，工作任务和压力骤增，我只好把全副精力放在工作上。即使心里一直想着要完成蒲先生的传记，可是时间不济、资料不全，更重要的是功力欠缺，因而一拖再拖。其间，我没有停止过在各种渠道搜集蒲先生的资料，也多次应邀参加中山大学等单位举办的纪念蒲蛰龙先生的各种活动，参与了中山大学为纪念蒲蛰龙先生诞辰100周年出版的《南中国生物防治之父——蒲蛰龙院士》一书的编撰工作，并应国家重点图书出版规划项目《20世纪中国知名科学家学术成就概览·生物学卷》的编辑邀请，与中山大学古德祥教授合写了介绍蒲蛰龙院士的文章。

2022年2月，当接到省委给我的免职通知书时，我一下子放松了：我终于可以把更多精力投入蒲先生传记的写作中了。于是，我抓紧时间整理资料、撰写书稿。

2023年春节期间，应《世纪》杂志主编沈飞德邀请，我撰写了《蒲蛰龙：改革开放后首批赴美讲学的科学家》，刊登在该刊2023年第3期；同时也接受《羊城晚报》记者易芝娜的采访，讲述蒲先生的故事，文章于2023年10月21日在该报以"蒲蛰龙：'生物环保'勇先锋，科学报国勤育人"为题刊登。经过一年半的伏案，现已基本完成传记初稿。年少一念，竟历时30年才完成！

光阴荏苒，斯人已逝而精神永存。蒲蛰龙先生离开我们已经20余载，他以振兴中华为使命的爱国情怀和科学报国的无私奉献精神赢得了人们的尊敬和爱戴。可以告慰蒲蛰龙先生的是，他所从事的生命科学研究、所倡导的生态平衡理念，就像一盏永不熄灭的明灯长留人间，并在当今中国生态文明建设中越发闪耀。

2023年10月26日

目 录

● **第一篇　人生踪迹**

第一章　少年立志　大学求索 / 003
　　　　与自然为伴的童年 / 003
　　　　中大附中时光 / 006
　　　　国立中山大学"双优"生 / 009
　　　　求学燕京大学 / 016

第二章　历经烽火　赴美求学 / 019
　　　　烽火下的教研 / 019
　　　　留美博士　毅然回国 / 026

第三章　从华农到中大　投身"以虫治虫" / 031
　　　　助力抗美援朝反细菌战 / 031
　　　　投身"以虫治虫" / 033
　　　　从华农到中大 / 035

第四章　科学之春　耕耘不止 / 046
　　　　科学之春 / 046
　　　　生命不息　奋斗不止 / 051

第二篇　科研硕果

第五章　昆虫分类学专家 / 057

第六章　生物防治成果卓著 / 061

　　　　以菌治虫首获成功 / 061

　　　　首创大卵繁殖赤眼蜂 / 063

　　　　平腹小蜂防治荔枝害虫 / 075

　　　　引进澳洲瓢虫 / 087

　　　　引进孟氏隐唇瓢虫 / 092

　　　　建议引进天敌防治松林害虫 / 094

　　　　以黄猄蚁防治柑橘害虫 / 098

　　　　以病原微生物治虫 / 100

第七章　综合防治水稻害虫 / 108

　　　　不速之客 / 108

　　　　前往大沙　深入调研 / 111

　　　　亲自挂帅　开展"综防" / 116

　　　　世界目光　汇聚大沙 / 130

　　　　"综防"成果影响深远 / 133

第八章　湘西养蚕 / 141

　　　　深入云开大山调查 / 141

　　　　柞蚕饲养研究 / 145

　　　　到湖南黔阳放养柞蚕 / 149

　　　　蒲蛰龙夫妇赴湘西调研 / 151

　　　　放养柞蚕大获成功 / 155

- **第三篇　学科建设**

  第九章　推动昆虫数学生态和病理学研究 / 159
  　　开创数学与昆虫生态相结合的研究方向 / 159
  　　推动农作物害虫管理数学模型建构与应用 / 161
  　　推动昆虫病理学发展研究 / 167

  第十章　打造昆虫学研究重镇　推动生防事业发展 / 170
  　　创建中山大学昆虫生态研究室和中南昆虫研究所 / 170
  　　创建国内首个综合性大学昆虫学研究所 / 174
  　　创建国家重点实验室和中大生命科学学院 / 177
  　　躬耕中国昆虫学研究 / 179
  　　助力学术交流与学科建设 / 181
  　　推动生态环境保护和可持续发展 / 186

- **第四篇　多面开花**

  第十一章　德高望重的教育家 / 193
  　　尽心尽力　爱生如子 / 193
  　　惜才爱才　薪火相传 / 200

  第十二章　风度翩翩的"外交家" / 212
  　　改革开放后首批赴美讲学学者 / 212
  　　广结学术善缘 / 220

  第十三章　技艺高超的小提琴家 / 224
  　　生命中的重要乐章 / 224
  　　首届"羊城音乐花会"露锋芒 / 227

第五篇　人间烟火

第十四章　家庭与生活 / 235

　　　　　　父母亲情 / 235

　　　　　　妻子利翠英 / 237

　　　　　　"好好先生" / 243

　　　　　　苦中作乐一书生 / 244

　　　　　　科学家眼中的美食 / 246

第十五章　难忘 1997 / 248

　　　　　　最后的生日 / 248

　　　　　　两位昆虫学泰斗的最后相会 / 249

　　　　　　生命倒计时 / 251

　　　　　　风范永存 / 255

附录：蒲蛰龙大事年表 / 262

参考文献 / 284

后记 / 289

第一篇

人生踪迹

少年时代的蒲蛰龙,在郊游时看到农村"禾苗生长旺盛,却敌不过一群蝗虫"的境况,萌发出"科学救国"的宏愿。他报考国立中山大学农学院,选择昆虫学科作为迈向科学报国理想的阶梯;他师从燕京大学、美国明尼苏达大学名师,博士毕业后义无反顾回归祖国,以满腔热情投入祖国的建设,开启了中国生物防治的新篇章。

第一章　少年立志　大学求索

与自然为伴的童年

直到晚年，令蒲蛰龙记忆犹深的依然是家乡钦州的龙门岛，他在那里度过了愉快的童年。龙门岛在钦州的南面、北部湾北岸，形状犹如一只大灵龟。岛上有弯曲多变的龙门七十二泾，波光粼粼的海水与绵延成片的红树林交相辉映，景色美如画。

据蒲蛰龙族谱记载，1911年农历六月十九日，蒲蛰龙出生于云南。云南是他父亲工作的地方，他的小名也因此叫云生。由于父亲工作调动频繁，小蛰龙常年跟随父母穿梭于两广，他的幼年就是在龙门岛上度过的。

在龙门岛蒲蛰龙家不远处，有一棵大榕树。小蛰龙常到大树下玩耍，他喜欢观察树上的虫子，观察虫子在树上或爬行或垂吊，还常因此入迷而忘了回家吃饭，寻他回家的家人总能在大榕树下找到他。

俗语说"三岁定八十"，蒲蛰龙从小就表现出对草木及动物的好奇与喜爱。蚂蚁搬家、壁虎爬墙、蟋蟀相斗、蜻蜓点水、蜘蛛结网……这些现象总让他心生好奇，追着大人执意要问出个所以然来。平时和小伙伴一起到海边摸鱼、抓虾、捞螃蟹，是他最高兴的事情。

1925 年，14 岁的蒲蛰龙随父母迁居广州，入读广州执信中学。初中时，自然历史课是他最喜爱的课程。课余时间，蒲蛰龙常和同学一道沿着学校旁边的小径"百步梯"拾级而上，登山游玩。沿路绿树婆娑，鸟语花香，彩蝶飞舞。"穿行在茂密的树林中，周围是那样清幽宁静，鸟儿'啾啾'的鸣声像唱着抒情歌曲，我感觉到，置身在大自然中是最快乐的享受。"50 年后，蒲蛰龙撰写的文章《求学岁月的回忆》里依然留存着初中爬山时的愉快记忆。

每逢节假日，蒲蛰龙常常会邀上几位同学，一同到北郊的白云山、东郊的萝岗等地远足。在乡间小路上，他们一路欢笑打闹，看着自由飞翔的小鸟，听着鸟儿婉转的歌声，追逐着一群群的蝴蝶……宁静的旷野，绿油油的禾苗，青葱的树木，就连空气也是清香的。与此同时，他们也看到了破落的村子、低矮的泥房、衣衫褴褛的农民和许多光着屁股的小孩……一片贫穷落后的村庄景象。此情此景，使蒲蛰龙想起经常在大街上看到的场景：寒冬腊月里，菜农们只穿着单薄的衣衫，天不亮就赤着脚，挑着满满两筐青菜到市里挨家挨户叫卖，一大担菜也卖不了几个铜钱。有时候，碰上自然灾害，农民更是苦不堪言。年少的蒲蛰龙油然生出同情，渐渐有了一个朦胧的想法：一定要掌握农业知识，为改变农村贫穷落后的状况尽自己的力量。

第一次国共合作时期，广东成为大革命的策源地和大本营。1925年6月，香港、广州为声援上海"五卅"反帝运动，相继举行了大罢工游行，英、法等国派军舰以武力威胁，最终导致了广州"六二三"沙基惨案的发生。这个事件在蒲蛰龙幼小的心灵里留下了难以磨灭的印记。蒲蛰龙受当时执信中学校长曾醒和大革命时期革命思潮影响，喜欢听不同社团的宣传演讲，看反映现实的文学作品。1927年寒假前夕，一则《假期学生党务工作须知》印发，要求学生利用寒假回家乡进行调查研究和宣传工作，以便唤醒民众、组织民众和训练民众。因此，蒲蛰龙在1927年春节前夕回到家乡防城，试图对家乡青年宣传革命思想，却遭遇袭击。"我这次回乡宣传，原抱着一腔热诚，以图回乡和受过一年党的洗礼的同学同志相见，作一个广大的宣传，使民众对本党主义有一个深刻的认识，不料，到乡之时，不特目的不能达，几乎给他们——防城青年——指使暴徒打死；至今想起，还是不寒而栗。"蒲蛰龙应《广州民国日报》副刊《现代青年》之约，写下了《防城青年状况》，刊登在1927年4月2日的《广州民国日报》上，"我不能独秘，也不能容其独秘，所以我记起来公开发表，以供同志们做宣传的参考"。也许是受这次事件的影响，此后的蒲蛰龙远离政治，不再参加任何党派和组织，一心追求"科学救国"。

蒲蛰龙上初三的时候，执信中学搬到沙河新校舍，由于学校离市区较远，学生全部在学校寄宿。学校教学楼沿山坡而建，学生宿舍在山顶，附近空旷无垠。宿舍的对面就是坟场，晚上萤火虫非常多，一簇簇的萤火虫闪着绿光，宛如游云。让蒲蛰龙印象深刻的是，男生跑去抓萤火虫回来玩，女生们则既爱看又害怕，晚上躲在宿舍里不敢外出，要上厕所就结伴而行。调皮的男生偶尔还会搞点小动作，吓唬胆小的女生，引来哄堂大笑。

初中三年的学习生活，给蒲蛰龙留下了深刻的印象。及至晚年，他在给学生的讲课中多次提到野外科学活动的重要性，并以自己从小喜欢野外考察、在执信中学学习期间丰富的课外活动为例，告诉学生野外考察活动是学习生物学必不可少的第二课堂。

转眼到了毕业，因执信中学要改为执信女中，蒲蛰龙便考进了国立中山大学附属中学。

中大附中时光

1928年秋，蒲蛰龙考入国立中山大学附属中学，攻读高中和大学预科。

中大附中历史悠久，毛泽东、周恩来、鲁迅等人都曾在该校任教或演讲。入学以来，蒲蛰龙感到中大附中和执信中学有很大的区别。在执信中学时，学的科目不多，氛围自由，乐教乐学，课余还可以爬山、郊游。而中大附中的校规虽不是很严，考试也只需及格就行，但要学的科目很多。课本大多是中山大学教授编写的，内容艰深，有些甚至是用英文编写的，有的老师还直接用英语授课。每天课程满满当当，常常到凌晨还要做功课。

中大附中有一条规定，如果期中或期末有一门课考试不及格，老师就会发一张小红卡；如果手上握着几张小红卡，就有可能被校方警告或劝退。蒲蛰龙就是在这般紧张的学习生活中度过高中一年级的。

高二开始进入大学预科，需文理分科，蒲蛰龙选择了理科。预科的数理化课本是由中山大学教授们用英文编写的，有些科目还直接选用大学一年级的内容。一些同学在这种紧张的学习生活中不堪重负，或是生病，或是因学力不济而退学。眼看着这些同学离开，蒲蛰龙心里非常难过，也很害怕会步他们的后尘。为了顺利毕业，他不得不拼命读书，以应付沉重的学业。由于学习紧张，用脑过度，休息时间少，他常常梦到一道道习题在飞舞，从梦中惊醒也是常有的事。由此，蒲蛰龙的身体每况愈下，吃饭没胃口，肠胃不舒服，患上了神经衰弱症和严重的便秘。幸亏时在广州中山纪念堂附近挂牌行医的父亲开中药给他调理身体，加上假期他和同学在珠江游泳锻炼，才不至于倒下。

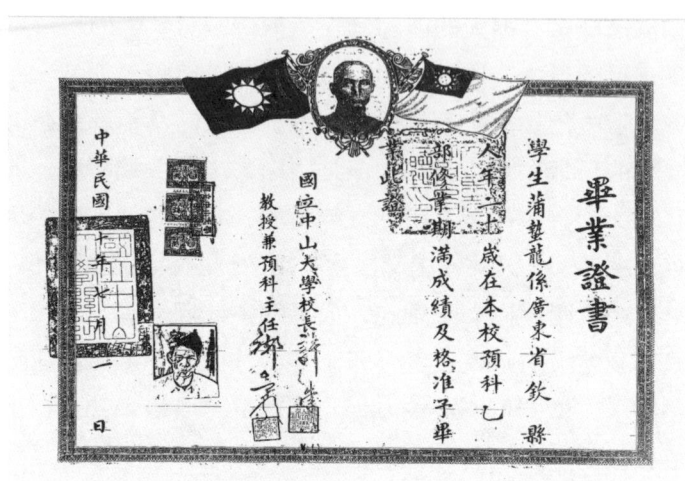

1931年,蒲蛰龙获得国立中山大学预科毕业证书。

在中大附中这三年紧张的学习生活里,蒲蛰龙认为自己非常走运——从未得过令人生畏的小红卡,而且学习成绩都不错。虽然身体有点透支,但最后还是以优异成绩完成预科学业,拿到了国立中山大学预科毕业证书。

因成绩优异,蒲蛰龙直接免试入读国立中山大学。父亲希望他选读政治、商科或医科,但蒲蛰龙不喜欢。他觉得政治不好玩,当时的官员大多贪腐无能;他也不喜欢做生意,认为生意人大多尔虞我诈;学医要背很多"汤条"(药方),像背古文一样枯燥无味。

从小对大自然的热爱、对中国农村贫穷落后状况的了解,使蒲蛰龙萌发了献身中国农业的志向,希望能为

"三农"做点实际工作。满怀这一宏大的理想抱负,蒲蛰龙毅然报读了国立中山大学农学院。

国立中山大学"双优"生

1931年秋,20岁的蒲蛰龙迈进国立中山大学的大门,开启了实现科学报国的宏愿。

1931年的中大农学院,校址在广州东门外鸥村及石马岗(今广州市区庄附近),当时的院长为沈鹏飞。蒲蛰龙踏进校门不久,九一八事变爆发,日本帝国主义侵占我国东北三省。南京国民政府采取不抵抗政策,节节退让,激起了全国人民的极大义愤。蒲蛰龙怀着满腔的爱国热情,和广州各高校青年学生一起,参加了由国立中山大学学生牵头组织的罢课活动,抗议日本帝国主义侵略东北的暴行。大学的第一课就是爱国主义教育,这更激起蒲蛰龙强烈的爱国情怀和使命担当,也更加坚定了他立志"科学救国"的理想抱负。

农学院实行本科学分制,设有农艺、水稻、农经、畜牧、昆虫、森林等专业课。蒲蛰龙了解到,我国是农业大国,也是世界上自然灾害发生频繁、危害严重的国家,防治农业生产害虫的历史已有3000多年。蒲蛰龙想,自己应该多学点关于昆虫的知识。昆虫占动物总数的80%,有害的昆虫会危害农作物和森林,毁坏桥梁和建筑物,甚至对人类的生存也构成威胁,当然也有不少

20世纪30年代初,蒲蛰龙在国立中山大学农学院养虫棚饲养松毛虫。

益虫是害虫的天敌。学好昆虫学,掌握昆虫的种类、构造、特性和功能等知识,研究出防治害虫的办法,将来必定大有用处。于是,蒲蛰龙选择了昆虫学科作为主修课,蚕桑科作为副修课。

农学院安排学生每周一天到东郊石牌的农场劳动,干犁地、种菜等农活,下午4点钟结束农活后吃完饭再回市区。农场里有专门的农具存藏室、稻作试验场,在劳动过程中蒲蛰龙看到有损坏的农具,就会自己动手修理,并学着做各种各样的简易劳动工具、小木凳、标本柜,方便大家使用。蒲蛰龙觉得课堂学习和课外实践结合是最有意义的事情。因此,大学期间他积极参加学校的各种劳动,在农场田野上勤快地锄地松土、耕种水稻蔬菜、挑水灌溉,体验着农耕的艰辛。

1934年9月,农学院从市区搬到郊区石牌新校区。尽管有校车方便师生出入,但为了能腾出更多的时间来学习,蒲蛰龙几乎都是在学校里度过。节假日,他大多用来看书学习,因此被同学们戏称为"书虫";或到野外考察收集昆虫标本,在实验室做实验。当时学校的实验设备非常简陋,连最普通的显微镜都很少,显微镜的放大倍数也十分有限。

蒲蛰龙在学习中了解到,当时中国昆虫学的"家底"非常混乱,昆虫分类研究也比较薄弱。国内昆虫估计有15万种,但通过鉴定的不足3万种,而且93%以上都是由外国人做分类鉴定的，我国从事昆虫分类的专家不到 10 人。知道了这个不容乐观的现状，蒲蛰龙的心情格外沉重，深感自己肩上的责任重大，更应当刻苦学习。他迫切地希望自己能尽快多掌握点昆虫知识，做昆虫王国的驾驭者。

当时的广东有很多松树林，松毛虫为害常常导致大片松树枯死，这种情况引起了蒲蛰龙的关注。为了找到防治这种害虫的办法，蒲蛰龙经常跑到郊区的松树林调查松毛虫为害的情况，并采集松毛虫幼虫回来饲养，认真观察松毛虫的生活习性，仔细分析这种害虫的形态结构、生活规律和生命过程，探索研究防治松毛虫的有效办法。此外，他还阅读学习国外相关学术论文、专著，翻译给大家学习参考，如在《农声》1934 年 2 月第 173 期与 174 期合刊"昆虫专号"上发表《多种寄生及其对于害虫生物防治之关系》《昆虫事迹之片断回忆》《蝶娥之趋性及本能》等文章。大学毕业前夕，他写出了近万字的论文《松毛虫形态、解剖、组织及生活史的研究》，这篇论文是我国第一篇较为全面地论述防治松毛虫的重要文献，时至今日依然为松毛虫防治工作发挥着重要作用。

毕业时，蒲蛰龙各科总平均分 85.5 分，荣膺农学院"本届毕业生成绩最优者"。同时，蒲蛰龙获得了国立中山大学农学院颁发的"毕业论文奖"和"优秀成绩奖"。一个本科毕业生同时获得这两个奖项，并受到学校领导

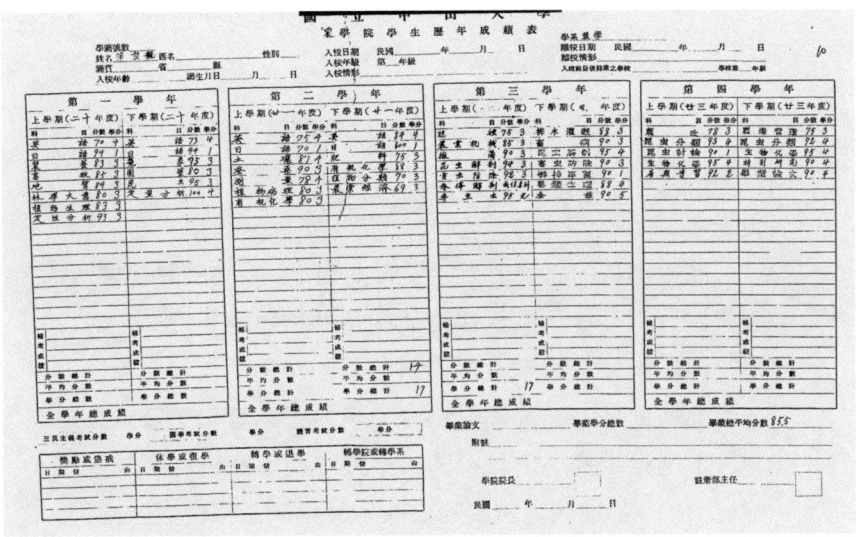

1935年,蒲蛰龙在国立中山大学农学院的总成绩表。

在毕业典礼上的公开表扬,这在当年的国立中山大学是绝无仅有的。

大学课程之外,蒲蛰龙还坚持每天练习小提琴。1931年秋,国立中山大学艺术研究学会成立,蒲蛰龙是创会会员,并在成立大会上表演了小提琴。大学期间,在学校或农学院举办的各种活动中演奏小提琴也是蒲蛰龙的拿手活。这项从小学习的乐器伴随他终生。

大学时,蒲蛰龙还非常喜欢摄影。那时候照相机很少有,父亲蒲春榆托人买了一部进口照相机给他。蒲蛰龙常常把拍好的照片拿到良友摄影社(今广州市北京路附近)冲印。经显微镜放大拍摄的昆虫图片令摄影社的负责人觉得非常奇特，于是将照片放在良友摄影社展出。摄影者署名为"执虫"，这正是从蛰龙的"蛰"字拆解而来的。

蒲蛰龙在国立中山大学学习期间，农学院的陈焕镛、邓植仪、丁颖等几位教授对他的帮助和影响非常大，晚年时他还满怀深情地对笔者讲述恩师对他的言传身教。

陈焕镛是中国近代植物分类学的开拓者和奠基者之一，中国科学院院士，中国科学院华南植物研究所首任所长。1919年他获得美国哈佛大学林学硕士学位后回国，1928年后在国立中山大学农学院任教。他创建了中山大学农林植物研究所、中国南方第一个植物标本室，创办了我国第一份英文植物学刊物《中山专刊》。蒲蛰龙在农学院学习时，陈焕镛是他的植物学课程授课教师。他不仅教授蒲蛰龙植物学知识，还指导他如何深入林区做野外考察、如何制作昆虫标本等专业实践知识，提高了蒲蛰龙的动手能力。在跟随陈焕镛老师野外考察过程中，其严谨专注的科研态度和赤诚的爱国之心令蒲蛰龙深为敬佩。

邓植仪是著名的土壤学家、农业教育家。他1909年赴美国，先后在加利福尼亚州立大学、威斯康星大学攻读土壤学，学成归国后于20世纪20年代参与筹建广东大学和中山大学，长期担任两校教授、农学院院长、教务长之职。他是蒲蛰龙十分敬重的老师。蒲蛰龙记得，邓植仪老师上课时教导同学们，土壤问题乃农业生产的根本问题，要发展农业生产，必须重视发展土壤科学。在20世纪30年代，邓植仪对大量输入广东的外国化学肥料十分关注，认为长此以往，不仅会造成大量金钱外流，而且会使土壤性质和农作物品质变劣。为此，他带领年轻的老师和学生，于1932—1938年连续对广东农田土壤作详细的调查研究，足迹遍及全省各地。蒲蛰龙就曾随邓老师参与调研，深知土壤对农作物的重要。蒲蛰龙对邓植仪老师"真正做人、认真做事"的为人处世准则尤感敬佩。

丁颖于1924年从日本东京帝国大学农学部毕业后回国，毕生从事稻作科学研究与农业教育事业，是我国现代稻作科学主要奠基人，被誉为"中国稻作科学之父"。蒲蛰龙入学时，丁颖已是国立中山大学农学院教授。大学四年，丁颖特别厚爱蒲蛰龙这个聪明好学的学生。很多学生听课不求甚解，而蒲蛰龙则喜欢独自思考钻研，主动和老师探讨科学问题。因此，大学毕业时，丁颖主张他留校任教。在蒲蛰龙心中，丁老师平和实干，不受外界影响、专心钻研野生杂交稻的敬业精神令人敬佩，"学农不仅在应用于农，而且在探求宇宙的真理""农民的地皮是连着肚皮的"——这些教导深深地影响了蒲蛰龙一辈子。

1935年夏，在从国立中山大学农学院毕业前夕，蒲蛰龙了解到燕京大学在昆虫学研究方面颇有影响，燕大生物系的胡经甫教授是国际著名的昆虫分类学家。怀着强烈的求知欲，蒲蛰龙欣然提笔，写信给胡经甫教授请求拜他为师。胡先生深为这位青年的志气所感动，表示欢迎他报考燕大。

求学燕京大学

1935年秋，蒲蛰龙考上了燕京大学研究院生物学系，师从昆虫分类学家胡经甫，专攻昆虫分类。

燕京大学学风严谨，学术气氛浓厚，学校氛围也很自由包容。在燕大，蒲蛰龙主要跟随胡经甫教授学昆虫学，主攻昆虫分类，同时跟李汝祺教授学习动物学、胚胎学、细胞学和遗传学，跟美籍教授博陵（Boring）学习脊椎动物的形态、生理、分类和分布。

胡经甫教授的授课教材由他亲自编写，讲课条理清晰，富有吸引力。他上课的板书和手绘图表清晰悦目，特别是在上无脊椎动物课时，胡教授随手在黑板上画的虾、蝗虫、蚂蚱等图像纤毫毕现，栩栩如生，一下子就把学生给镇住了。每当追忆在燕大读研究生的岁月，最令蒲蛰龙津津乐道的就是胡经甫教授独特的教学方法，他总是启发、引导学生独立思考。胡先生每讲完一个问题，就列出一堆书目或文献，尤其是近期发表的水平较高的学术论文，供学生查阅；每一课题都辅以系统性的实验，实验结束后，每位学生都要做口头报告，并展开讨论。

　　胡先生重视培养学生的课外实践，常常带学生到野外做调查研究，并用一些故事让大家记住科学的重要性。蒲蛰龙记得胡先生讲过一个故事：在一个岛上，为了消灭一种有害昆虫，当地引进外地一种生物（鸟）来吃掉这种害虫。谁知，害虫没有了，但引进的生物反而泛滥成灾，无法除去。提倡以虫治虫的生物防治，对保护环境是好事，但如果没有研究其利害关系，好事也会变成坏事。导师的一席话深深地刻印在蒲蛰龙的脑海里，常常在他进行生物防治科学研究时敲响警钟。

　　蒲蛰龙为人宽厚、聪明好学、彬彬有礼，深得导师和同学们的喜爱，大家都亲切地叫他"阿蒲"。据他的同学唐冀雪、金荫昌回忆，燕大生物系有一个可容纳10多个人的大实验室，每人有一张实验台供操作。蒲蛰龙的实验台在研究室进门左手边的一个窗台前，除上课或野外考察外，几乎每天都能在这里见到他。每天下午5点下课后，蒲蛰龙就开始练习小提琴，优美的琴声常常引来同学们驻足，大家都知道有个叫"阿蒲"的广东同学拉小提琴好听。在一些娱乐活动中，常常是蒲蛰龙拉小提琴，大家唱歌相和，其乐融融。

　　北平的香山樱桃沟（现属北京国家植物园）风景宜人，泉水清澈甘甜，山谷鸟语花香。每年的五六月份，胡经甫先生都会带领学生去香山樱桃沟采集昆虫标本。

一次，采集活动结束准备拍集体照留念时，大家发现唯独缺了阿蒲——原来他还沉醉在采集标本的路上呢！

在燕京大学的两年时光，蒲蛰龙在北平、广东等地的野外采集了大量标本，在《北京博物》《北京自然历史通报》《岭南科学》等杂志发表了多篇高质量的论文。此时的他已在我国昆虫学牙甲科分类研究领域崭露头角，相继发现了 30 多个昆虫新种。

1937 年夏，蒲蛰龙完成了硕士学位论文，尚未毕业答辩，日寇已全面侵入中国华北。因时局紧张，人心惶惶，要继续留在燕京大学完成毕业答辩已不可能。蒲蛰龙只能怀着惆怅的心情离开北平，于 1937 年 7 月 6 日回到广州。就在第二天，震惊中外的"七七事变"爆发了。

第二章　历经烽火　赴美求学

烽火下的教研

1937年7月，蒲蛰龙回到广州，被聘为国立中山大学农学院讲师，月薪100元。

从1937年8月开始，日军不断地轰炸广州。9月开学后，为保障师生生命安全，学校决定休课3周，农学院于10月25日复课。国难当头，蒲蛰龙坚守岗位，在教研之余，还翻译了不少国外相关专业资料，供学生参考。

1938年5月28日，日军飞机再度大规模轰炸广州市区，国立中山大学未能幸免。为了保障师生员工的安全，学校添设了许多防空设施、消毒室和防毒滤气机等。1938年10月中旬，广东当局撤离广州，国立中山大学也奉命迁校，于10月19日起分批离开广州。起先迁往广东西部的罗定，1个月后又拟改迁广西龙州，最终确定把学校迁往抗战大后方云南澄江。为此学校还编印了《赴滇指南》。

时值战乱，路途遥远，关山跋涉，行程艰辛。蒲蛰龙随国立中山大学农学院西迁，往罗定经广西到越南，从越南河内乘滇越铁路火车到达昆明，再雇马车，于1939年2月底抵达澄江。3月1日，蒲蛰龙所在的中大农学院在澄江复课，时有学生227人。

澄江位于云南中部，距离昆明约60千米。澄江的寺庙和古建筑比较多，坝区村寨林立。国立中山大学迁来后，主要利用澄江的古建筑以及自盖简易房屋作为校舍，各学院和研究院安排在附近办学。农学院设在离县城约2千米的鲁溪乡、归马乡、洋源营乡等处，农学院各系分别安排在不同的寺庙上课。同年7月，经教育部批准，农学院增设农业经济学系、畜牧兽医学系。蒲蛰龙原在农学系，后调至畜牧兽医学系任教。

澄江地处边陲，山岭连绵，树木丛生。加上战争时期物价高涨、生活条件差，蒲蛰龙等师生们只能自己动手利用土坯和树木制作睡床、板凳及桌子。原始森林滋养出来的蚊虫热情地"迎接"新客人，尤其是跳蚤，看似幼小，实则攻击力超强，被叮咬后即使抓破皮肤也解不了痛痒，令人白天黑夜都不得安宁。此时尚未有杀虫药剂，作为生物学家，蒲蛰龙只能自制除虫菊粉对付这些野蛮的"吸血鬼"。

颠沛流离的生活并没有泯灭蒲蛰龙"科学救国"的志向，他克服重重困难，很快就投入教学科研工作中。蒲蛰龙在破败杂乱的寺庙里给学生上课，课程有昆虫内部解剖学、昆虫形态学、动物学、高级昆虫分类学、无脊椎动物学和生物学。如今，在华南农业大学图书馆中存放的农学院学生张亦可的毕业论文《澄江马病土法治疗之调查》、莫浣超的毕业论文《龙虱科数属之比较形态》等逾百篇，均是在蒲蛰龙的指导下完成的。

蒲蛰龙经常深入乡村林区，调查云南当地的农林业资源及作物生长情况，并和其他师生一起参与了稻谷良种的试验、栽桑养蚕、青菜和森林害虫调查等科研劳作。他看到农民种下的蔬果和山上树木被虫子咬得七零八落，心里很是焦急。经过不懈努力，蒲蛰龙首次用微生物细菌进行蔬菜害虫防治的试验取得成功，同时向当地农民推广，并写下了《云南澄江白粉蝶幼虫细菌防治之初步试验》，刊载在《中山学报》1941年第2期。

澄江的城隍庙有一个古老戏台，中大师生们利用这个戏台宣传抗战，演出戏剧。学校还在澄江北门西头建了一个简易会场，在此演出《日出》《雷雨》《复活的玻璃》《孔雀东南飞》《可怜闺里月》等名剧。著名小提琴家马思聪在云南澄江谱写了不少鼓舞人心的抗战歌曲，擅长小提琴演奏的蒲蛰龙也参加了他和进步人士组织的抗日宣传队，一起在昆明和澄江演出。蒲蛰龙的小提琴演奏也给清苦的后方生活带来一丝欢乐。教务主任兼农学院院长邓植仪与丁颖、侯过等老师外出进行农林土壤调查、田野考察等活动时，也都喜欢叫上蒲蛰龙。

1940年5月26日，邓植仪写信给国立中山大学校长邹鲁，推荐蒲蛰龙为副教授，对其赞赏有加。信中写道："本院讲师兼技师蒲蛰龙先生，自返母校服务至今已届三年。在此三年中，对于研究工作殊为努力，且成绩甚佳。举其研究成绩有如另纸所列各端，而对于教学上，尤能循循善诱，每周上课时间常逾十二时以上，并能于课外指导学生从事学术研究，故甚得学生之信仰爱戴。第十二届毕业生郑凤瀛论文得奖，系其指导之力。本届高材生陈德能、李景星等毕业论文亦皆由其负责指导，实为不易多得之人材，似应予以奖励，使其益加兴奋于研究工作及教学。为此举报，钧察准予存记，并请于下年度改聘其为本院副教授，使人材得适当任用。"

在邓植仪院长随信附上的研究成绩举要中，列出了蒲蛰龙已完成的5项研究工作、2项著述及正在进行的研究计划。研究成果有：发表在1938年《岭南科学》杂志第17卷第1期的论文《几种鞘翅目昆虫雄性外生殖器肌序的研究》；正在农学院印刷的论文《中国刺鞘贝牙甲属亚属物种（牙甲科，贝牙甲属）比较形态学研究》等；已完成《中国牙虫之分类研究》，于1939年作为农学院开设的"昆虫特别研究"课讲义；还撰写了论文，将云南采集的牙虫进行分类研究。在1940年初，蒲蛰龙前往澄江禄丰村、昆汤、晋宁、安江等地采集，发现了"数种为世界所未纪录者"，他拟一并研究叙述再发表。在不到3年的时间里，蒲蛰龙撰写了《昆虫显微镜技术》《家蚕解剖学》，进行"家蝇细菌之研究及其利用""广东家蚕土种减数分裂及精虫形成之细胞学的研究""云南牙虫分类之研究"等研究课题。

对于邓植仪提交的报告，邹鲁校长于1940年5月29日给予回复，准许下年度改聘蒲蛰龙为副教授。1940年8月，蒲蛰龙由讲师升为副教授，月薪180元。

1940年9月，国立中山大学师生在代校长许崇清的带领下二度搬迁，由云南澄江辗转至广东乐昌县坪石。

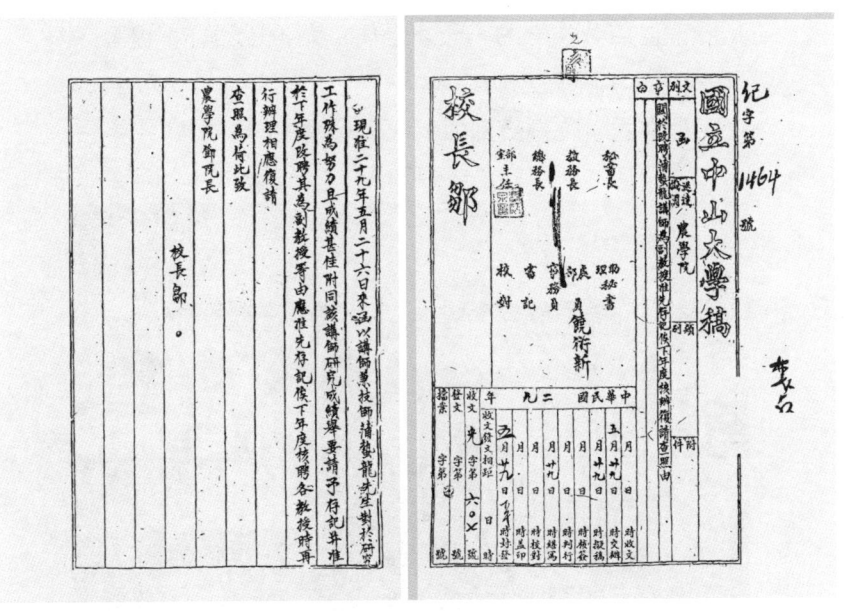

1940年5月29日国立中山大学关于改聘蒲蛰龙为副教授函。

坪石在广东与湖南交界处，为南北交通要冲。校本部选址在坪石老街的广同会馆，农学院被安排在与坪石校本部距离约 15 千米的湖南省宜章县栗源堡。

当时，国立中山大学农学院院长是丁颖，蒲蛰龙被任命为畜牧系主任。丁颖院长在农学界威望甚高，在他的感召和努力下，一批国内顶级的农学专家冒着炮火，欣然应邀来到农学院任教，中山大学农学院一时人才云集，形成了一支 40 余人的师资队伍。1941 年，由学术新潮出版社编印的《中大向导》的第三章《学府人物》，有专门介绍蒲蛰龙的文字："蒲蛰龙现任畜牧系主任，是专究昆虫分类学的。天才绝佳，尤善乐器，小提琴一项，有农学院马思聪之称。"此介绍颇有个人特色，说明他在农学院是受到师生欢迎和爱戴的。

20世纪40年代，栗源堡的国立中山大学农学院。

在栗源堡，蒲蛰龙依然是闲不住的，无论生活多么艰难困苦，他一直把采集的昆虫标本和选购的书籍随身携带，以便教学研究之用。蒲蛰龙还在当年住的小楼周边，租用耕地开发成试验田，种蔬菜等农作物，既可做害虫防治试验，又便于农学院师生自力更生，解决吃菜问题。

在粤北办学期间，蒲蛰龙积极配合丁颖、张巨伯、邓植仪等历任院长开展教学科研和管理工作，深得器重。这段时期他在教学科研实践中写下了多篇研究文章，如发表在1942年《岭南科学学报》第22卷第2期上的《中国水缨甲科一新种》，发表在1942年《农声》第224期上的《评田中义磨的蚕体解剖学讲义上卷》。

1944年4月，英国著名学者、《中国科学技术史》作者李约瑟（Joseph Needham）博士应邀到坪石岭南大学讲课3天。李约瑟在粤北的20天时间里，先后走访了岭南大学、东吴大学和国立中山大学。在黄兴宗的《李约瑟博士1943—1944旅华随行记》中，描述了李约瑟对岭南大学和国立中山大学两所高校农学院的办学情况感到震撼："这里有很多有趣的研究工作正在进行中。我们拜访了蒲蛰龙教授、利翠英教授，他们在之后的岁月里成为中国控制虫害生物应用的先锋。"李约瑟还在其考察著作《科学前哨》中对国立中山大学农学院的科研水平给予了高度评价。1945年1月，日寇先后占领坪石和宜章县栗源堡，在此发生了激烈的枪战。危难之际，邓植仪院长挺身而出，率领农学院和其他学院部分师生从栗源堡突围。同年 3 月，农学院在连县东陂和五华两地复课，并于 1945 年秋分两处招考新生。在颠沛流离中，先后担任农学院畜牧系主任、办公室主任和训导主任的蒲蛰龙坚守阵地，和中大师生一道不畏险阻，砥砺气节，为农学院开展教学、科研工作作出了重要的贡献。

1945 年 8 月 15 日，日本宣布无条件投降，抗日战争结束。东江本校、连县分教处等地师生于同年 10 月，先后坐船回到广州石牌校区。

1945 年 10 月，蒲蛰龙从副教授升为教授，月薪 340 元。

1946 年 1 月 25 日，农学院新学期在广州石牌校区正式上课。自此，农学院结束了抗战时期的迁徙流离。

蒲蛰龙原以为日寇走了，天下太平了，可以安心科研教学了，孰料以蒋介石为首的国民党不久后即发动了内战。他渴望祖国和平、国家复兴的愿望化为泡影。

此时的蒲蛰龙希望有机会出国深造，学习国外的先进知识，将来更好地为祖国服务。

留美博士　毅然回国

1946 年，美国国务院设立了在美留学的奖学金，国立中山大学推荐了蒲蛰龙等 4 位年轻的老师参加面试。

蒲蛰龙因英语基础好，且已是有不少科研成果的昆虫学教授，顺利通过了面试。经美国大使馆批准、中华民国教育部核复，他和另一位名叫钟日新的讲师获准赴美深造。1946年秋，蒲蛰龙再次踏上求学之路，到美国明尼苏达大学昆虫及应用动物系研究院攻读博士学位。

在明尼苏达大学，蒲蛰龙选读昆虫分类学，师从昆虫分类学家、明尼苏达大学昆虫系主任的克拉伦斯·米克尔（Clarence E.Mickel）教授。当时，除蒲蛰龙外，中国的留学生还有姜淮章、曹骥、姚康、林昌善、杨平澜、曹景熹，后来成为蒲蛰龙妻子的利翠英、蒲蛰龙的学生林世平和邓植仪的女儿邓英娥等也先后入读该校。

在明尼苏达大学农学院就读的中国研究生多租住在学院大楼对面的民房，蒲蛰龙和六七个同学一起租下民房地下室的三间房子，把其中一间稍大的房子用作厨房，每天轮流做饭。大家聚在一起吃饭，既节省开支，又方便交流。

读博期间，蒲蛰龙每天早上6点钟起床，步行到学校实验室做研究。中午，为了节省时间，他常常是在实验室里匆匆吃点三明治，喝杯牛奶，又继续工作，一直到深夜11点多才回住地。明尼苏达州冬天气温低至零下20多度，回家路上他边走边哆嗦，每走几步都要躲进街边的小商店暖和一会儿，再继续前行。这样走走停停，到家时已是深夜。

1947年，蒲蛰龙在明尼苏达大学。

1948年，中国留美研究生与明尼苏达大学导师留影（前排右一为蒲蛰龙，后排右二为利翠英）。

学习昆虫分类，除了要了解各国在昆虫分类学方面的最新研究动态，还要了解生物学、生态学、生理学、遗传学等学科知识和学术前沿。为了能看懂不同语言的文献、论文，蒲蛰龙自学了法语、德语、俄语、西班牙语、意大利语、日语等7国语言，对他日后研究工作的开展大有裨益。

明尼苏达州靠近苏必略湖，有美丽的湖区风光，密西西比河穿流其中，吸引了许多人慕名前来。身在美景中，蒲蛰龙却因忙于学习和工作而无暇游玩。由于蒲蛰龙享受奖学金的时间只有两年，两年后，他不得不通过勤工俭学，帮学校制作电子显微镜、各种昆虫动物标本及协助导师教学等方式来贴补生活。待手头宽裕点后，他和考入明尼苏达大学读研的妻子利翠英才搬进一个有卧室、厨房和客厅的套房。

1949年，蒲蛰龙完成了博士论文《中国牙甲科（鞘翅目，鞘翅总科）的分类学研究》，获得了明尼苏达大学哲学博士学位（按欧洲惯例，除医科和法律外，文理科都属于哲学范畴，博士学位一般都冠以"哲学"二字），并被选为斐陶斐荣誉学会会员。

博士毕业后，学校和科研机构向蒲蛰龙抛出了橄榄枝，有意聘请蒲蛰龙在美工作。但当蒲蛰龙得知解放军已挥师南下、广州即将解放的消息时，他的心中充满了激动与期待。在美国学习期间，他无时无刻不牵挂着祖国。尽管明尼苏达大学校方等有关机构极力挽留，许以优厚的条件，蒲蛰龙还是毅然决然地选择了回国。

1949年11月，当五星红旗在祖国的南大门广州上空高高飘扬时，蒲蛰龙夫妇也经过了长时间的海上颠簸，经香港回到了他们日夜思念的广州。

第三章　从华农到中大　投身"以虫治虫"

助力抗美援朝反细菌战

1950年1月2日，国立中山大学重新开学，教学科研工作逐步恢复正常。此时的农学院约有120名学生，蒲蛰龙主讲昆虫分类和昆虫形态课程。1951年9月，农学院把病虫害组改为病虫害系，任命蒲蛰龙为系主任。同年9月9日，由中央教育部批复，经政务院核定，"国立中山大学"改称为"中山大学"，沿用至今。

中华人民共和国成立之初，广州教育界在1950年暑假组织了有360人参加的、为期3周的大专院校教师研究会，并陆续组织师生员工参加抗美援朝、土地改革、知识分子思想改造等运动。回国不久，蒲蛰龙把父亲留给他在广州市政府附近的一套房子捐给了政府，他认为："学校有房子给我们住，我留着房子也没用。"

1950年，朝鲜战争爆发。师生们积极响应国家号召，农学院有70余名学生报名参军，要求到前线去抗美援朝。1950年12月至1951年1月，美军从"三八线"以北向南撤退时，散布了大量的天花病毒，并连续投掷、发射大量带有致命细菌的昆虫弹，发动了规模空前、惨无人道的细菌战。1952年2月以来，美军出动飞机不断侵犯我国领空，对东北边境地区狂轰滥炸，并投掷大量细菌弹，在短时间内致使我国东北20多个城市和地区成百上千的无辜平民被夺去生命。为此，中共中央动员全国人民参加抗美援朝工作，支援中国人民志愿军。蒲蛰龙的研究生导师、时在中国军事科学研究院工作的昆虫学家胡经甫，奉命参加了反细菌战调查。一直跟老师保持着密切联系的蒲蛰龙也响应号召，积极投入反细菌战研究工作。

此时，中山大学医学院院长柯麟在中山大学医学院开展"反细菌战讲座"，邀请专家、学者向广大医务工作者和人民群众宣传、讲解有关反细菌战的技术及扑灭带病昆虫的方法。在专题讲座上，蒲蛰龙用生动易懂的语言讲解了跳蚤、臭虫、蚊子等昆虫的生理结构、生活习性和扑杀措施等。当讲到跳蚤时，他还调侃讽刺美帝国主义说："跳蚤是一种小昆虫，细看下去，形状有点滑稽，正面看起来有些美帝的绅士派头，头前有尖利的口器，专为吸血用，胸部有三对粗长的足，最后一对较粗壮，适于跳跃……跳蚤的行为，和美帝一样狡猾，卑鄙和贪婪，它专吸血，不食别的东西，多数在吸血后，就离开人体，被吸血的人，痒得非常难受。"蒲蛰龙的讲座很受欢迎，他的讲课内容"反细菌战中防御昆虫毒害问题"经整理后，刊登在《中山医报》。

为了抗击细菌战，全国人民积极响应号召"动员起来，讲究卫生，减少疾病，提高健康水平，粉碎敌人的细菌战争"，此时，中国掀起了一场轰轰烈烈的"爱国卫生运动"高潮。

投身"以虫治虫"

20世纪50年代初，中国面对着旧社会遗留下来的千疮百孔的烂摊子。生产技术落后，生产力低下，自然科学基础十分薄弱，密切联系生产实际的研究与新兴学科的探索几乎是一片空白。而且，由于西方的封锁制裁，农林生产所需化学农药也严重缺乏。面对这样一个国情，蒲蛰龙看在眼里、急在心里。

看到学校的教学设施落后残缺，他想方设法购置了多种仪器设备，并亲手制作了不少教学用图表、教具和实验用具，包括后来繁殖赤眼蜂所用的蜂箱、柜子和简单仪器，都是他带领学生动手制作的。

在教学中，蒲蛰龙特别强调要理论联系实际，要多为生产一线服务。他经常带领学生到学校试验场或附近农村去参加生产劳动。在目睹了庄稼遭害虫肆虐而农民还在用较为原始的办法除虫时，他心里十分难过与不安。尤其是看到珠江三角洲一带大量甘蔗、柑橘等农作物受害虫危害，严重影响了农民收入和农村发展时，他决心一定要通过自己的研究，解决虫害问题。蒲蛰龙翻阅了大量国内外资料，提出可以利用赤眼蜂来防治甘蔗螟虫、通过引进害虫天敌来解决农林植物虫害问题。

此时的蒲蛰龙已是国内昆虫分类学权威，他本可以坐在实验室里做昆虫分类研究和鉴定工作，稳稳当当地过日子。然而，看着农民焦灼又期待的目光，他勇敢地接受了新的挑战——开辟生物防治病虫害研究的新领域，把主要精力转到利用害虫天敌防治害虫，即"以虫治虫"生物防治研究上来。

那时候国内从事生物防治研究的人极少，这一领域没人关注，更没人重视。况且，农学院的教学、科研环境不太好，不仅是实验设备和实验条件差，而且由于研究方向或专题不同，反对的声音也颇多，尤其是一些搞病毒研究的教授就一直不看好蒲蛰龙"以虫治虫"的生物防治方法。他们认为消灭害虫用农药效果是最好的，杀虫快、留存时间长，又省力；而且养蜂除虫已是美国等西方国家都摒弃的东西，我们捡来做是浪费时间、浪费资源，吃力不讨好。的确，国家建设要快马加鞭，而此时国际上的赤眼蜂研究又处于低潮，出成果的概率低。蒲蛰龙听到了很多不赞成的声音，但他在深思熟虑后，还是要坚持做这个试验，并且坚定地认为："那些国家做不好或不成功，不代表我做不到、做不好。"

自然界里的赤眼蜂数量不多，需要大量人工繁殖。

1951年，蒲蛰龙带领刚毕业留校的助手陈守坚，在设备简陋的破旧房子里开始了繁殖赤眼蜂防治甘蔗螟虫的试验。1952年后，从仲恺农业学校毕业的刘志诚和蒲蛰龙的学生邓德蒎、洪福昌、莫禹诗等一起加入了研究团队。蒲蛰龙带领研究团队经过反复的研究和试验，最终取得了繁殖赤眼蜂防治甘蔗螟虫研究的巨大成功。正如他的学生庞雄飞、邓德蒎、刘志诚等所说："我们一辈子从事生物防治病虫害研究，都是受蒲先生的影响。"

从华农到中大

1952年11月10日，全国实行院系调整，中山大学农学院、岭南大学农学院和广西大学农学院（部分）组成华南农学院（今华南农业大学）。1952年11月28日，毛泽东亲笔题写了"华南农学院"的校名。丁颖为首任院长，蒲蛰龙任华南农学院教授。1953年3月，中山大学聘请蒲蛰龙兼任中大生物系教授。同年，经广东省政府行政会议通过，成立华南农业科学研究所，丁颖、李沛文为副主任，蒲蛰龙和农学院的13位教授被选为委员。

1954年以后，华南农学院进行了教学改革，安排蒲蛰龙担任植保系副主任、昆虫教研组组长，主讲农业昆虫。当时的学生很少，蒲蛰龙除了认真为学生上课，组织学生进行野外考察、参加田间劳动外，还主动做了很多科研工作。但在教学和科研活动中，发生了一些不愉快的事情，他不得已向学院提出辞去植保系副主任职务，只保留昆虫教研组组长一职。

1955年，在蒲蛰龙的努力下，华南农学院通过苏联农业部引进澳洲瓢虫和孟氏隐唇瓢虫，由蒲蛰龙指导邓德蔼、黄竞芳、何等平等研究生在实验室内喂养繁殖，取得成功，此后广泛应用于防治柑橘、木麻黄等蔬果植物上的害虫。

在繁殖赤眼蜂防治甘蔗害虫和引进繁殖澳洲瓢虫、孟氏隐唇瓢虫的生物防治研究过程中，华南农学院的教授中反对的声音很多，暗中阻挠的也不少，蒲蛰龙和研究团队的成果在试验期间屡遭破坏。如1956年2月，蒲蛰龙发现农场果园的柠檬树上有不少吹绵蚧壳虫为害，他请研究人员在园内释放了一批澳洲瓢虫，虽然知会了大家，但到第二天，果园还是被人喷洒了农药，释放的澳洲瓢虫也被杀死了。这样的事情发生多次，令他的教学科研工作受到很大的影响，蒲蛰龙不免心感委屈。在科研经费使用和人员安排上，也受到不公平对待。他知道国家困难，碍于面子也不好与人争斗，总是步步忍让。"好好先生"蒲蛰龙越是退让，就越是不受尊重，甚至他的妻子利翠英教授也遭到欺压、排斥。

面对在华南农学院遭到的种种冷遇和不尊重，蒲蛰龙没有向恩师丁颖院长诉苦，但他多次委婉地向丁院长和杜雷书记提出希望调离华南农学院，到中山大学工作。

然而，华南农学院领导不愿意放走人才。因此，蒲蛰龙以大局为重，忍受着各种不公平对待，照常努力工作。在华南农学院短短的五六年时间里，蒲蛰龙在害虫防治研究方面为我国农业生产、植保工作做出了重大贡献，成为我国生物防治病虫害的先驱。

经深思熟虑，1956 年 6 月 21 日，蒲蛰龙与利翠英还是决定共同署名，写信给高等教育部领导，申请调离华南农学院，到中山大学生物系任教。他们在信中提出了 4 点理由：

  1. 我们廿年来所学的和所做的科学研究工作都是昆虫学方面的理论科学，蛰龙的专长科目是昆虫分类学、昆虫形态学，旁及昆虫生态学、昆虫生理学，博士学位论文是昆虫分类学的研究报告。翠英的专长科目是昆虫胚胎学、昆虫组织学、昆虫生理学，硕士学位论文是昆虫组织生理学的研究报告。我们的专长科目，自农学院课程改革后，已全部取消，而这些科目在综合大学生物系昆虫专门化是必设的课程。目前我们在农学院各人只担任一个课程，而且，蛰龙所担任的农业昆虫学一科，并非自己所长。目前我们没有机会把自己所长的传给年青的一代，也没有机会好好地继续以前的研究工作。

2. 蛰龙于本年五月到北京参加先进生产者代表会议，黄松龄副部长这样指示我们：今后要动员能够为高等教育服务的一切力量，发挥起来，调整起来……根据黄副部长的指示，我们应该调到综合大学去教书，到综合大学去才能够充分发挥我们的力量。

3. 蛰龙这次在北京、上海各地，曾征求对我们工作较熟悉的师友对于我们工作岗位的意见，他们大都主张我们到综合大学去，他们的意见会是比较客观的。

4. 华南农学院植保系最近提出昆虫教研组八名助教升为讲师，如果都能够升级，连原有讲师一名，共有九名讲师，他们大都能够讲课，有些任教将近十年，有些任教五、六年，也有些三、四年的，一个教研组拥有这么多讲师，阵容不能说不盛，这也说明华南农学院的昆虫学教研组已成长起来了。

综合上述情况，蒲蛰龙夫妇认为："我们离开华南农学院对于该院昆虫学教学工作是没有多大影响的……我们总希望能发挥所长，贡献于人民。特请考虑在今年暑假内调我们到中山大学去，俾能更好地发挥所长。"

与此同时，蒲蛰龙也写信给中山大学校长许崇清、副校长冯乃超，信中提及已向高等教育部去信，请求调至中山大学工作之事。为了蒲蛰龙夫妇的调动工作，许崇清校长也于 1956 年 7 月 9 日，亲自写信给农学院丁颖院长，协商蒲蛰龙夫妇调动的事宜。7 月 7 日，高等教育部以"人民来信"方式去函华南农学院，称收到蒲蛰龙夫妇的来信申请调动，望农学院加以研究。华南农学院有关部门就高教部来函征询了蒲蛰龙意见，因而蒲蛰龙和利翠英又在 7 月 16 日去信给农学院丁颖院长及几位副院长，特此说明他们的意见。

又一个多月过去了，还没有蒲蛰龙工作调动的音讯，许崇清校长按捺不住了，求贤若渴的心情促使他于 8 月 18 日写信给高教部副部长周建人。信中对高教部和华南农学院对蒲蛰龙夫妇请求调动却没有批复的情况加以说明，恳请周部长抽空考虑此事，并附上蒲蛰龙的来信。

高教部于 8 月 28 日直接发函华南农学院，由此，华南农学院领导经开会研究决定，同意蒲蛰龙、利翠英调到中山大学任教。9 月，蒲蛰龙夫妇正式从华南农学院调到中山大学生物系任教，蒲蛰龙仍兼任华南农学院昆虫教研组主任，从事该院昆虫学教学工作。

蒲蛰龙和利翠英调到中山大学生物系工作后，许崇清校长安排他们入住东北区 4 号楼，即原岭南大学特色建筑群小洋楼之一（现为中山大学南校园东北区 313 号），并任命蒲蛰龙为生物系昆虫教研组主任。

在中山大学，蒲蛰龙延续了此前在华南农学院开展

1956年秋，蒲蛰龙、利翠英于中山大学东北区4号楼住房前合影。

的"以虫治虫"科研工作，将从苏联引进并繁殖成功后的澳洲瓢虫、孟氏隐唇瓢虫在广东、福建、四川等省散放，有效地防治了蔬果植物上的吹绵蚧壳虫和各种粉蚧。蒲蛰龙首创的大卵繁殖赤眼蜂以防治甘蔗螟虫的成果也得到了广泛应用，研究团队还联合省内有关单位共同举办"利用赤眼蜂防治蔗螟"的专题培训班，相继为全国各地培养了一大批技术骨干,"以虫治虫"研究成果陆续在广东、广西、福建、湖南、四川、黑龙江等多个省份推广,被广泛应用于防治农林蔬果等多种作物害虫。

1957年,中国科学院综合考察委员会根据国家《1956—1967年科学技术发展远景规划纲要》(简称"十二年科技规划")要求,先后组织多个综合考察队,分别在我国多地进行自然资源和自然条件的调查研究,并计划在1958年组织华南热带生物资源考察队到十万大山进行12个专题的综合考察。中山大学为配合国家的经济建设和科学考察活动,请蒲蛰龙牵头组成昆虫与病害组,参加华南综合考察队的考察活动,进行"昆虫区系和经济昆虫分布的研究"专题调研。蒲蛰龙带领调研组成员于1958年9月至1959年1月,到广西十万大山中的龙津县考察,对当地的昆虫生态做了深入调研。后来蒲蛰龙因工作需要赶回学校,由广西的胡少波教授带队,继续前往宁明、上思、田东、睦边、靖西、德保等地考察。蒲蛰龙希望通过这次十万大山调研考察,了解更多民众养蚕的历史与现状,可惜未能如愿。

1959年3月至6月,蒲蛰龙带领"华南经济昆虫志"工作组到华南各专区调查,采集和收集整理了一批昆虫标本。

1960年,中山大学恢复招考研究生制度,蒲蛰龙作为全校招生试点教授,当年招收了卢爱平、李文盛、方思明 3 名研究生。在蒲蛰龙悉心的教育与指导下，日后他们都成为中大生物学科教学科研工作的骨干。

1960 年，蒲蛰龙兼任中国科学院广州昆虫研究所所长，指导该所研究人员对荔枝蝽象和平腹小蜂的生物学、生态学及平腹小蜂的室内繁殖技术进行了研究，利用平腹小蜂防治荔枝蝽象的试验应用于广东的萝岗、从化、增城、花县、东莞等荔枝产区，防治害虫的效果显著。

1961 年后，党的知识分子政策的落实和"高等学校六十条"的下发，调动了教师的积极性，中山大学把昆虫学科作为学科建设中的重点，逐步实现"三套"（人员、资料、仪器成套）、"五定"（定方向、人员、任务、设备、制度）。在学校领导的大力支持下，昆虫学研究在蒲蛰龙的带领指导下取得了一系列学术研究成果。

1963 年 2 月，经教育部批准，中山大学第二届校务委员会第六次会议决定成立自然科学和社会科学两个委员会，蒲蛰龙被选为自然科学学术委员会委员。1965—1967 年，蒲蛰龙响应国家"备战、备荒、为人民"号召，组织带领研究团队到湖南湘西帮助饲养柞蚕工作，培养技术人才和放养试验大获成功，打破了"柞蚕不能过长江"的说法，创造了可观的经济价值。

蒲蛰龙常常对学生和科研人员说："科学实验一定要和生产实际紧密联系，如果实验室里搞科研，得出成果不投入实际生产应用，那只是纸上谈兵。这不是我们科学工作者要走的路。"1972 年，当蒲蛰龙知道作为广东大粮仓的四会县大沙公社（现四会市大沙镇）水稻发生严重虫害而农民束手无策时，已过花甲之年的他毅然迎接挑战，克服了研究方向不同、国内外没有先例可循等困难，带领研究团队在大沙公社安营扎寨，研究以发挥天敌效能为主，以农业技术治虫、以虫治虫、以菌治虫、养鸭除虫等害虫综合防治试验，取得了空前成功，引起了国内国际同行的关注学习。全国不少相关部门、专业委员会纷纷邀请蒲蛰龙作专题指导，或向他请教生物防治害虫问题，蒲蛰龙都一一回应，尽量满足要求。

"文革"时期，蒲蛰龙同样不可避免地遭遇了"知

1973年，蒲蛰龙（右三）与中青年教师、当地干部、技术人员在大沙田间查虫。

识分子的特殊待遇"："造反派"到他的家乡钦州龙门调查，准备收集他的"黑材料"，但家乡的亲人们为了保护他，说他从没回来过，也不认识他。"造反派"写"大字报"攻击他走"白专道路"，是"反动的学术权威"，要同事和学生揭发、批斗他。生物系师生都为他说好话，即使问话到半夜不许睡觉，也问不出蒲蛰龙的任何"黑材料"。"造反派"还上门抄家，抄走了一些珍贵的信件、照片、邮票、英文资料、唱片、音乐书籍及领带等。其实，蒲蛰龙在此之前早已小心翼翼地多次自我检查，把自认为"不合时宜"的东西清理烧毁了，包括很多珍贵的照片，只留下一张他和夫人利翠英的合影（他在燕大和明尼苏达大学读书时的照片大多是笔者通过他的旧友唐冀雪、姜淮章、林世平等复制的）。

1968年上半年，蒲蛰龙希望了解省内各县农林植物状况，于是他带着古德祥、庞义等老师和学生，到珠江三角洲附近各县农村考察。到11月，蒲蛰龙夫妇在学校安排下，到广东乐昌县坪石公社天堂大队（中山大学"五七"干校所在地）进行劳动。1969年7月，蒲蛰龙夫妇随干校迁到英德茶场。1969年下半年，因"教育革命"需要，蒲蛰龙夫妇被请到东莞"五七"大学，为当地干部群众举办培训班讲生物防治，指导他们利用平腹小蜂防治荔枝蝽象。

蒲蛰龙为农业生产作出的贡献，为当时的官方媒体津津乐道。1972 年 10 月 13 日,《人民日报》的第 3 版以"在人民教师的岗位上"为题赞扬了 4 位教授,蒲蛰龙正是其一。文中列举了蒲蛰龙在学术上的成就,高度赞扬了他为社会主义建设所作的积极贡献。1975 年 11 月 19 日的《广州日报》,头版头条文章《让昆虫学更好地为农业生产服务——记中山大学蒲蛰龙教授的事迹》,长篇报道了蒲蛰龙教授近 40 年教学和研究工作的主要成就。

从 1956 年到 1976 年,这 20 年是蒲蛰龙科研成果频出的年代,学校历任领导对他的教学和科研活动都给予大力支持。虽然各种政治运动不断,但蒲蛰龙坚守自己的理想信念,抱着"有活可干就要认真做好,没事可做就自己主动找事做"的态度,只要是有利于国家和人民的科学研究,他就一定会尽最大努力。

第四章　科学之春　耕耘不止

科学之春

1976年10月,"文革"结束。一年后,中山大学根据党中央的部署,落实党的知识分子政策,进行拨乱反正。学校召开落实党的政策大会,校党委在会上宣布《关于推翻在"清队"、"一打三反"运动中所定的错案、假案和冤案的决定》,为已查清的错案、假案和冤案以及因此受到审查、迫害的同志公开平反昭雪。

1977年7月,中共广东省委统战部主持召开"向科学进军"座谈会,邀请蒲蛰龙等多位有影响力的党外知识分子参加。蒲蛰龙深切地感受到科学的春天到来了。9月1日,蒲蛰龙接待了来自英国的生物防治考察团,并陪同他们前往四会大沙参观考察生物防治研究成果,英国科学家对大沙生物防治的成果交口称赞。同年9月,蒲蛰龙主编的《害虫的生物防治》由科学出版社出版。该书将蒲蛰龙和中山大学昆虫学专业老师多年来的研究成果汇编成册,对从事生物防治的研究人员和农林生产一线的植保技术员的工作有着重要的指导意义,也为推动我国生物防治事业的发展起到积极的作用。

1978年3月，全国科学大会在北京召开，中山大学生物系有4项科研成果获奖，其中蒲蛰龙带领的研究团队就占了3项，分别是害虫生物防治研究、森林害虫多角体病毒的研究、赤眼蜂繁殖和利用技术的研究。时任中国科学院院长郭沫若以"科学的春天"为题发表讲话，号召大家树雄心、立壮志，向科学技术现代化进军。参会的蒲蛰龙心潮澎湃，深感要更加争分夺秒地开展科研工作。

1978年7月15日，经教育部批准，中山大学昆虫学研究所成立。在蒲蛰龙领导下，该所成为国家重点研究所、全国第一批博士点、博士后科研流动站和国内访问学者接收单位。同年10月，中山大学恢复招收研究生制度，蒲蛰龙作为首批研究生导师之一，在本年度招收了6名研究生。

1979年3月12日，接教育部党组文件通知，经党中央批准，新一届中山大学党政领导班子组成。蒲蛰龙被任命为副校长，主要分管研究生工作和外事工作。此时的蒲蛰龙虽已年近古稀，但依旧事无巨细，亲力亲为。当时作为蒲蛰龙的学生兼助理的古德祥回忆道："有研究生打电话来，说厕所、走廊的灯不亮了，这些小事他都不推责，认真把它记录下来，找相关部门解决。"

当年中山大学非常重视学科建设，希望把昆虫学研究所大楼建起来，并已上报教育部。但蒲蛰龙觉得，自己身为副校长，要顾全大局，不能优先考虑自己，出于国家建设和学科发展需要，应该先让环境科学研究所（后为环境科学与工程学院）和高分子研究所（现为化学学院）建设新的教学大楼。后来，那两座大楼建起来了，而昆虫学研究所大楼却一直没能建成。

随着条件日益好起来，蒲蛰龙希望在中山大学成立生命科学学院，以更好地开展人类未来科学的研究工作。曾在中山大学生物系学习的爱国企业家曾宪梓，在得知老师蒲蛰龙的心愿后，慷慨出资，捐建大楼。由此，生命科学学院大楼于1991年耸立在中山大学。

改革开放以来，中山大学不断扩大与外界的交流合作。蒲蛰龙带队出访了美国、德国等国家，也多次与李嘉人校长等校领导接待来自美国、加拿大、法国、日本等考察访问团。1979年10月至12月，蒲蛰龙作为昆虫学家、中山大学副校长，应美国国家科学院美中学术交流委员会邀请，赴美国明尼苏达大学等5所大学讲学，成为改革开放后首批到美国讲学的10位学者之一。由于成就突出、贡献较大，1980年11月，蒲蛰龙当选为"中国科学院学部委员"（后改称为"中国科学院院士"），这是中国科学界的最高荣誉。次年获得学部委员证书。

1980年9月，美国明尼苏达大学派农学院院长詹姆斯·塔门（James Tammen）前来北京，代表学校为蒲

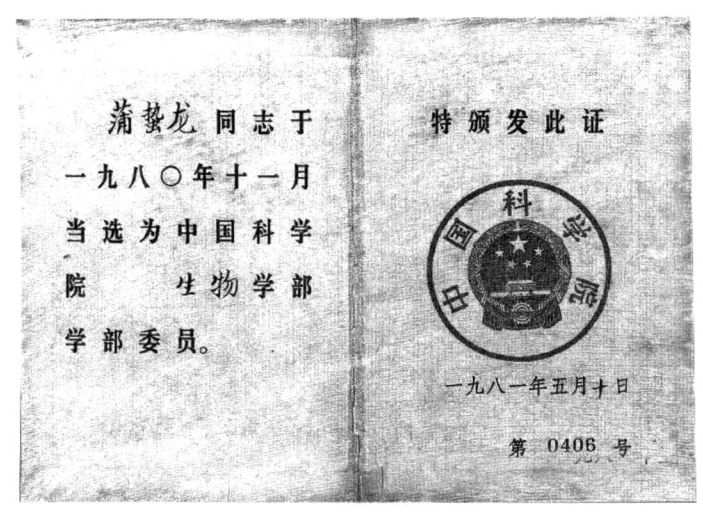

1981年，蒲蛰龙获中国科学院生物学部学部委员证书。

蛰龙颁发"明尼苏达大学优秀成就奖"奖章及奖状。据该校姜淮章教授说，此奖项每年只颁发给三四位成就突出的校友，于校友而言是一项极高的荣誉。1991年美国《有害生物综合防治实践者》杂志第13卷第1期的文章称蒲蛰龙为"南中国生物防治之父"。蒲蛰龙在生物防治学界的地位得到国际同行的认可，"南中国生物防治之父"的名号也从此叫响。

1984年3月，《科学之春》《科学与人》及《南方日报》的副刊《学科学》在广州召开"迎接新技术革命挑战"座谈会，邀请了蒲蛰龙、徐贤恭、高兆兰等几位

1980年，美国明尼苏达大学授予蒲蛰龙"优秀成就奖"证书。

教授座谈。蒲蛰龙以前沿的视角、敏锐的眼光，欣然提笔撰写了《做迎接第三次浪潮的"弄潮儿"》，其中提到："即将到来的新的技术革命，是以电脑和微电子学技术为中心的，其中包括分子生物学、材料科学、激光和光纤通讯、海洋开发、能源利用等多种新兴科学技术的革命。众多的新课题摆在我们面前，我们应该攻关，敢于挑重担，成为迎接第三浪潮挑战的'弄潮儿'！"他在文章中向有关部门和领导提出，第一要加强情报资料工作建设，第二要充实研究机构和高校的仪器设备，第三要加强和抓紧培养人才。这位七旬老人热切希望祖国能迎头追赶发达国家,他的拳拳爱国之心、殷殷报国之志,令人感动。

在中山大学工作的 40 余年里,蒲蛰龙参与创建了中国科学院中南昆虫研究所,中山大学昆虫生态研究室、昆虫研究室、昆虫学研究所、昆虫学研究国家重点实验室和中山大学生命科学学院。蒲蛰龙在"以虫治虫""以菌治虫"的研究和应用方面做了许多开拓性工作,成就了他在生物防治领域倡导者、开拓者和领军人的地位。

生命不息　奋斗不止

蒲蛰龙一生淡泊名利,潜心研究,把自己的一切奉献给祖国和人民。在教学和科研工作之外,还承担了大量社会工作。

由于主持了诸多对农业生产有巨大贡献的科学研究,1956 年,蒲蛰龙被选为全国先进工作者,到北京出席表彰大会。1964 年起,蒲蛰龙连续六届(第三至第八届)当选为全国人大代表。在任全国人大代表期间,蒲蛰龙多次呼吁要加大人才培养力度,尤其是要重视对年轻科学家的培养重用和对青少年的教育培养。直到晚年,他还不断呼吁要保护好国家的"绿色生态家园"。

蒲蛰龙还曾任广东省科学技术协会主席。他在任期间强化了广东省科协的纽带作用,广聚人才,尽心尽力

1956年,蒲蛰龙到北京参加全国先进生产者代表大会。

为科技工作者排忧解难,充分调动他们的积极性,开展了各种形式的科技学术交流活动,拓展了中外科技交流渠道。他还带领广大科技工作者围绕广东经济建设和社会发展需要,为广东省科技进步和重大决策咨询服务作出了积极贡献。

1991年,八十高龄的蒲蛰龙吃饭时总感觉吞咽不适，在广东省口腔医院确诊为舌癌。要彻底治疗就要一次性清除癌细胞，即动手术割掉三分之二的舌头，不然就要做化疗，但做化疗既痛苦难受，又不一定能解决问题。蒲蛰龙经过激烈的思想斗争，决定不做切除手术。因为他还要跟学生讲课，还要搞科学研究，"我宁愿少活几年，也不能有口讲不出话来"。于是，广东省口腔医院为他修改了治疗方案，只切除了癌肿粒，并在中山医学院肿瘤医院做化疗。蒲蛰龙历经多次化疗，一个多月不能吃饭，只能喝粥，睡觉常常痛醒，身体更是明显消瘦了。但他依然坚持为研究生上课，审阅论文，其他工作也未耽误。

1992年6月，广东省委省政府决定授予蒲蛰龙"广东省杰出贡献科学家"称号，这是广东省首次为科学家授予的奖项。广东省委副书记张帼英在奖励大会上宣读了《中共广东省委、广东省人民政府关于授予蒲蛰龙同志"广东省杰出贡献科学家"称号的决定》，对蒲蛰龙做出了高度评价："半个多世纪以来，他以对祖国、对人民无限热爱和无私奉献的精神，投身到科学研究中，在害虫生物防治的科学前沿辛勤探索，为以虫治虫、病原微生物治虫及害虫综合防治研究和应用做出许多开创性的贡献。他在从事科研工作的同时，为国家培养了大批高级专门人才，其中许多已成为学科带头人，他的道德风范在学术界有口皆碑。他学识渊博，名重海内外,但从不居功自傲,而是亲贤爱才,甘当'人梯',是科技界推崇的一位德高望重的科学家……"大会还号召全省广大科技工作者和广大知识分子向蒲蛰龙同志学习。

1992年9月,蒲蛰龙荣获首届"广东省南粤杰出教师奖",这也是蒲蛰龙生前获得的最后一个由政府颁发的大奖。这是对他甘为人梯、奖掖后学、无私奉献精神的最高褒奖。

半个多世纪以来,蒲蛰龙总是以科学家特有的敏锐,关注社会,关注民生,深入生活,努力运用科学知识解决"三农"难题。他始终与国家同呼吸,共命运,以锲而不舍、孜孜以求的科学精神赢得了广大科技工作者的尊敬和爱戴。在耄耋之年他依然疾驰奋行,真正做到了生命不息,奋斗不止。

第二篇 科研硕果

蒲蛰龙以科学家特有的专业性和敏锐度,从昆虫分类学家转型为生物防治专家,在以虫治虫、以菌治虫等生物防治领域做了许多具有开创性的科研工作,其研究成果广泛应用于生产实践,成为我国害虫生物防治领域的倡导者、开拓者和领军人。

第五章　昆虫分类学专家

蒲蛰龙早年专注于昆虫分类研究,在鞘翅目牙甲科领域发现了许多新种,在水生昆虫分类研究方面造诣深厚,是我国昆虫牙甲总科和长须甲科的昆虫分类学专家。

1931年蒲蛰龙入读国立中山大学农学院后,就开始接触昆虫分类研究。1935—1937年,他在燕京大学师从世界著名的昆虫分类学家胡经甫先生,专攻昆虫分类学研究。研究生期间,他在野外考察中新发现牙甲科昆虫新种一批,撰写了《新发现的牙甲科昆虫口器的腺体》,指出新发现的5种牙甲科昆虫的特征,还发表了《广东牙甲总科一新种》等论文。

抗战时期,国立中山大学农学院在澄江和栗源堡办学期间,蒲蛰龙在教学之余还坚持带学生到郊野考察,采集了不少昆虫,鉴定后制成教学标本,并把陆续发现的昆虫新种写成文章发表。《几种鞘翅目昆虫雄性外生殖器肌序的比较研究》研究探索了7种昆虫的生理特性。蒲蛰龙在澄江县跋山涉水考察了云南昆虫生存状态,并在海拔约1800米处新发现了一批昆虫新种,撰写了《云南省鞘翅目牙甲总科三新种》，详细记载了新发现的云南浒甲科的三个新种；又在《岭南科学》上发表论文《中国水鞘科的新物种》。采集的昆虫标本均存放在中山大学昆虫标本室供师生学习研究。

1946—1949 年，蒲蛰龙在美国明尼苏达大学师从昆虫分类学家米克尔教授攻读博士学位，专门从事昆虫分类研究。他的博士毕业论文《中国牙甲科（鞘翅目，鞘翅总科）的分类学研究》至今仍存放在美国明尼苏达大学昆虫系图书馆，是后学研究中国牙甲科昆虫的重要参考资料。

中华人民共和国成立后，蒲蛰龙从美国回到广州，在国立中山大学农学院任教。在教学科研实践中，他多次带领学生深入广东、广西、湖南、贵州、山西、福建、湖北、云南、四川等地进行生物资源考察，发现了一批昆虫新种，积累了大量野外采集的昆虫标本。这一时期他撰写了《我国南部及西南部的水舟浒甲亚属昆虫（鞘翅目，舟浒甲属）》《中国水甲属分类（鞘翅目，水甲科）》等论文，大多在《北京博物》《岭南科学》《昆虫学报》等重要刊物上发表。蒲蛰龙逐渐成为昆虫学鞘翅目牙甲科分类的权威。

1955—1957 年，蒲蛰龙和前来中国指导科研工作的苏联生物学家一起参加了"中苏云南联合生物资源考察"活动，重点对云南昆虫生物资源进行调查研究。蒲蛰龙和调查组成员一行在云南昆明、西双版纳、小勐养、思茅、景洪、景东、屏边、下关、腾冲、保山、金平、怒江、河口等地考察后，再往四川峨眉山、湖北汉口等地，采集了大量的昆虫标本。在这次考察后，蒲蛰龙撰写了《云南生物考察报告（鞘翅目，牙甲科）》，作为中苏两国生物学工作者在中国西南地区采得鞘翅目牙甲科标本的鉴定报告。在这一段时间里，蒲蛰龙还陆续撰写发表了几篇昆虫学分类论文，《中国牙甲总科长须甲属昆虫志》《中国牙甲总科的属及其亚属检索表》《中国牙甲总科滨甲属昆虫志》《我国 *Anacaena* 属昆虫志（鞘翅目，牙甲科）》等。这是他从事昆虫分类研究以来成果最为丰硕的时期。他先后在我国 13 个省份亲自采集了 1 万多号水生甲虫标本，发现并鉴定了牙甲新种 30 余种。蒲蛰龙是中国水生甲虫分类奠基人。

20 世纪 50—60 年代，蒲蛰龙为中国科学院北京动物研究所、中山大学昆虫学研究所收藏的牙甲总科和长须甲科的标本进行分类研究，发表了多篇学术论文。他还收到不少国内外学者寄来的请他做鉴定的昆虫标本，他都一一回复。

20 世纪 80 年代后，蒲蛰龙先后承担了《西藏昆虫》《西藏害虫与杂草》《横断山脉昆虫》《西藏南迦巴瓦峰地区昆虫》等多部地方性生物资源考察专著中水生甲虫的鉴定和书籍编写任务，长期为《中国动物志》《昆

1975年，蒲蛰龙在实验室鉴定水生甲虫标本。

虫天敌》等学术刊物审核把关，并指导硕士、博士研究生开展水生甲虫（龙虱、牙甲等）的分类和习性研究，为我国开展水生甲虫分类学研究奠定了坚实的基础。

　　蒲蛰龙以国计民生为己任，始终在思考研究如何服务于农业生产。1951年，中山大学党委主要负责人冯乃超前往看望蒲蛰龙时，向他提出希望："搞生物学的要到农村去，到一线去，搞些试验，做出样子。"蒲蛰龙一直牢记在心。由此他从昆虫分类转向更广阔的生物防治病虫害的研究方向。

第六章　生物防治成果卓著

以菌治虫首获成功

1939年3月至1940年8月，国立中山大学在云南澄江办学。澄江地处边远，环境恶劣，中大仍在此地坚持办学，师生们充分利用有限资源，开垦荒地，播种青菜等农作物。

蒲蛰龙也很快就投入教学科研生活中。他多次深入乡野林区考察，调查当地的农林资源及作物生长情况。在这片原始的荒郊野岭中，蚊虫跳蚤奇多，一旦被咬，奇痒难忍。没有现成的防治药物，蒲蛰龙就研究利用除虫菊粉帮助解决了蚊虫侵害问题。当地农业生产资源匮乏，农民种的蔬菜水果又常被虫害，有些菜田甚至沦为荒地。蒲蛰龙在调查澄江县城附近农田的蔬菜受虫害情况时，发现菜农种的蔬菜大多是椰菜、甘蓝、白菜、芥菜等十字花科植物，此类蔬菜的主要害虫是白粉蝶、条纹蚤虫、蚜虫等。为害最烈者，当属白粉蝶幼虫。它生活在高温地区，每年可发生八九世代，为害严重时，可致菜田成荒地。蔬菜叶子上那些幼小、不起眼的白花花的幼虫，就是白粉蝶虫。

1939年下半年至1940年上半年，蒲蛰龙在澄江调查研究时，发现在3月中旬的菜田里，白粉蝶第一世代的发生数量较少，而第二代则发生极多，为害达60%以上；到5月份的第三代，虫害大减，而菜叶里有死去的白粉蝶幼虫尸体。他在菜田里取回病虫检查研究，发现是感染败血病死的，尸体内存有无数败血病杆状菌。他当即取样制作细菌培养基。在物资奇缺的条件下，蒲蛰龙因地制宜，尝试用三种材料制作病菌培养基：一是琼脂白布顿及马铃薯，二是琼脂马铃薯，三是马铃薯。他从菜田间取回受细菌感染较深但尚未死亡的虫子，用消毒棉沾以70%酒精对幼虫皮肤消毒后，用小钢针刺破消毒处的皮肤，看到有乳浊色含病菌液体流出，再以灭菌铂丝蘸菌液接种在培养基上，在接种24小时后，病菌开始发育；四五天后，病菌生长旺盛，再把培养所得之病菌，接种于健康的白粉蝶幼虫体内，令害虫得败血病而亡。

这种利用病菌防治害虫的办法是生物防治法之一，在当时的欧洲、美洲和非洲已有昆虫学家在研究和试验，而我国利用病菌防治害虫的试验极少。蒲蛰龙认为，害虫病菌的利用受环境因素影响较大，一般病菌于高温、潮湿的环境中繁殖较快，而我国有许多地区恰好满足这一条件，利用病菌防治害虫应当可行。况且，这种方法简单、经济，于极短时间内培养大量病菌，短期内便能使大部分害虫受病而死。于是，他把研究成果向当地农民推广。

这是蒲蛰龙第一次运用生物防治害虫的成功经验。根据试验结果，蒲蛰龙撰写了《云南澄江白粉蝶幼虫细菌防治之初步试验》。可惜，当年的"以菌治虫"试验，由于学校迁校回粤之故，没能再做深入的研究。国立中山大学在澄江办学的时间不到两年，蒲蛰龙在祖国山河破碎、民族苦难深重的时刻仍然没有放弃教学科研工作，白粉蝶幼虫细菌防治试验成为他日后致力于生物防治害虫理念的源头，也是抗战时期中山大学取得的重要科研成果。

首创大卵繁殖赤眼蜂

中华人民共和国成立之初，国内尚未生产出农药，一些西方国家对我国实行禁运和封锁，禁止出口化学农药到中国。此时国内病害虫肆虐，农作物减产，农民束手无策，国民经济和人民生活大受影响。

一天，蒲蛰龙带领学生到学校附近的广州石牌村去帮助当地农民除虫。师生们学着农民的样子，一手端着盛满水和煤油的瓦盆，一手拿着草扎扫帚将一片片稻叶上的铁甲害虫扫进盆里淹死。在那个年代，农民一直用着传统的除虫办法，由人工去扑杀、捕捉，或用火烧、饵诱杀灭。作为一个科学工作者,蒲蛰龙看着农民还在使用如此原始的除虫法,心里很不是滋味。

晚上,蒲蛰龙劳作后回到学校,心情低落,吃不下饭,身心疲惫地躺在床上,满脑子都是到处飞舞的虫子。他索性坐起来,在笔记本上写下:"一个昆虫学者,有责任想办法帮助农民除虫,除虫,除虫!"毫无睡意的他找来有关文献资料,再三查阅。他一直在想:"不靠农药,利用生物防治害虫办法,保证农业生产,行不行呢?"并随手写下"生物防治"四个大字。

广东是甘蔗种植的大省。1950年,珠江三角洲一带大量甘蔗受到虫害,情况十分严重。蒲蛰龙了解到,甘蔗受甘蔗螟虫(俗称"甘蔗钻心虫")影响最普遍、最严重。每当甘蔗长苗时,甘蔗螟虫就往蔗心蛀食,使蔗苗成为枯心苗,影响甘蔗生长初期的发育,甚至造成缺株现象;当甘蔗长高后,蔗茎又被虫蛀,甘蔗就成为生虫蔗,加上赤腐病菌入侵,甘蔗糖分减低。如遇台风暴雨时节,受害甘蔗更易折断倒下,造成严重减产。为了深入了解珠江三角洲甘蔗螟虫为害程度,蒲蛰龙带领学生到广东省农业试验场附近的岑村等甘蔗地做田野调查。经过调查对比得知,为害甘蔗的螟虫共有五种:条螟(也称斑点螟)、二点螟、黄螟、大螟(也称紫螟)和白螟。甘蔗被虫蛀的受害率有时高达30%,但一直以来都没有一套完整而行之有效的防治办法。

要提高甘蔗产量,必须要先攻破防治甘蔗螟虫这一关。同时,蒲蛰龙也不希望使用农药这种"以毒攻毒"的办法。如能用生物防治的方法来防治甘蔗螟虫,既能解决甘蔗病虫害问题,又不会对生态环境造成破坏。

生物防治,顾名思义就是利用物种之间相互制约的关系来防治害虫,可分为以虫治虫、以鸟治虫、以菌治虫等方法。在自然界中,能对害虫起抑制或消灭作用的生物,叫作"天敌",每种害虫都有自己的天敌。甘蔗螟虫的天敌之一就是赤眼蜂。蒲蛰龙想出一招"以虫治虫"的办法:每当甘蔗螟虫产卵时节,"教"赤眼蜂像孙悟空那样钻进害虫肚子里,通过产卵器把自己的卵产到甘蔗螟虫的卵内。如此一来,蜂幼虫在甘蔗螟虫卵内食其养分,发育成虫,破卵而出,使甘蔗螟虫卵受到破坏而死亡,无法再繁殖为害,从而达到将害虫歼灭的目的。但这些天敌需要人们有计划地保护、繁殖,充分发挥其治虫的作用,才能起到应有的效果。

蒲蛰龙从有关文献资料里了解到,一些国家为了降低防治成本、提高效率,在20世纪就曾有利用赤眼蜂防治甘蔗螟虫的记录。如1921年,克利尔(Cleare)在英属圭亚那首次利用赤眼蜂防治甘蔗螟虫取得一定成效,而且连续做了20年的放蜂记录;1926—1938年,美国费兰德斯(Flanders)在美国南部进行一系列试验,用麦蛾卵在室内大量繁殖赤眼蜂,验证了赤眼蜂在防治害虫初期有一定的效果。然而，美国著名的害虫生物防治专家克劳森（Clausen）于 1935 年发出警告，声称未通过效果测定前，不要将赤眼蜂用于生产实践。1941 年后，美国等西方国家普遍认为这种防治方法对甘蔗产量和蔗糖产量的增高均不起作用。自此，在美洲地区进行赤眼蜂防治甘蔗螟虫的试验就几乎没有了。而在 20 世纪 40—50 年代的苏联，赤眼蜂在农业生产上的利用占有很重要的位置，他们利用赤眼蜂防治芫菁夜蛾、草地螟、欧洲玉米螟及其他害虫，防治面积从 1945 年的 1700 公顷，逐年增加，计划到 1953 年扩大到 50 万公顷。从文献上看到成功防治的信息，给了蒲蛰龙希望和信心。

自然界里的赤眼蜂数量不多，要满足防治甘蔗螟虫的需要，一定要进行大量的人工繁殖。这个研究试验涉及赤眼蜂寄主的选择和繁殖、赤眼蜂的繁殖和保存、赤眼蜂的田间放播试验和甘蔗螟虫田间发生情况等。人工繁殖赤眼蜂成功的关键是培育出来的赤眼蜂具有高度的生活力，除了看蜂体的大小、繁殖能力、成虫寿命，还要看其对田间环境的适应性。

当蒲蛰龙提出要做人工繁殖赤眼蜂抑制甘蔗螟虫试验时，华南农学院里有一些教授并不看好这个试验，认为这是吃力不讨好的事。但蒲蛰龙坚持认为，甘蔗生长期长，且一旦甘蔗的"钻心虫"钻进蔗心，即便是喷洒农药杀虫剂也是无济于事，加上当时西方的封锁禁运，以及农药毒性大，于生产食品和人民健康都不利。因此，他坚持要做这个繁殖赤眼蜂防治害虫的试验。

1951年，蒲蛰龙带领学生陈守坚开始繁殖赤眼蜂的试验。试验是在学校一个偏僻的小平房里做的，蒲蛰龙画图设计繁蜂用的柜子和木箱，并亲自动手来做。试验开始不久，一名十多岁的佛山小伙子张维殿过来农学院看望哥哥（蒲蛰龙学生张维球），对养蜂治虫很感兴趣，也一起来帮忙。

根据马丁（Martin）1928年的报告，赤眼蜂的寄主多达150种。起初，蒲蛰龙指导学生沿袭美苏等国普遍使用的传统模式做试验，即利用小卵麦蛾繁殖赤眼蜂，但是效果并不理想。

1952年春节前夕，学校放寒假，张维殿回老家佛山过年了，只剩下陈守坚一人看护实验室。当时天气寒冷，因昆虫需要保暖，实验室里点着酒精灯、开着烘炉。除夕当晚陈守坚外出吃饭时，不知是老鼠把酒精灯打翻还是烘炉电线短路发生故障，实验室突然失火。大火将实验室里的物品烧毁殆尽，包括蒲蛰龙放在实验室的一些研究资料、参考书籍和昆虫标本。这些珍贵的标本和资料，是蒲蛰龙多年来苦心收集的，即使是在抗战时期的艰苦岁月，他都随行携带，视若生命。此次大火，令蒲蛰龙难过得大哭一场。40多年后当笔者采访庞雄飞、刘秀琼、陈守坚、刘志诚等教授时，他们对此事记忆犹新，

20世纪50年代大卵繁殖赤眼蜂。

老师悲痛万分的脸庞犹在眼前。

　　事情发生后，还没等蒲蛰龙收拾心情重新开始，批评的声音更多了，繁殖赤眼蜂防治甘蔗螟虫的研究和试验不得不暂停了一段时间。1952年，刘志诚从仲恺农业学校毕业分配到广东省农业试验场，兼任场长的蒲蛰龙请他与华南农学院的学生邓德蔼、黄竞芳、洪福昌、莫禹诗等一起加入了繁殖赤眼蜂"以虫治虫"试验的研究团队。蒲蛰龙利用保险公司的赔款购买了试验器材，带领研究团队重新开始了繁殖赤眼蜂的试验。他和研究人员发现麦蛾卵羽化繁殖出来的赤眼蜂体小羸弱、寿命短、繁殖力低。一个麦蛾卵只能羽化一头赤眼蜂，在0—4℃下冷藏26天便不能再使用了。在麦蛾繁殖过程中，如何防治它的天敌螨虫，也是一个大问题。即使用氰酸气消毒实验室可杀灭螨类，但螨类体积小，依然可从门窗爬入。而且螨类捕食麦蛾的卵和幼虫，繁殖很快，多的时候把麦蛾群落压到很低。蒲蛰龙由此断定，麦蛾是不良寄主。

在摸索试验中，蒲蛰龙指导研究人员选取了灰带毒蛾、小地老虎、蓖麻蚕、松毛虫等17种鳞翅目昆虫卵做赤眼蜂寄主做比较，这些寄主昆虫在当时并不容易找到。当刘志诚告诉蒲蛰龙广东省农业试验场蚕苗所的引种专家刚好从印度引进了蓖麻蚕，蒲蛰龙立即写条子请蚕苗所提供蓖麻蚕卵以供实验，最终获得了5对蓖麻蚕。蓖麻蚕是一种益虫，有很高的经济价值，其饲料主要是蓖麻叶，蓖麻树在广州的冬季里也不落叶。因此，在广州整年饲育蓖麻蚕，是没有问题的。负责养蓖麻蚕的刘志诚明白自己肩负的责任重大，直接住在了实验室，一住就3个月。初期繁殖蓖麻蚕死亡率高，蒲蛰龙每天都到实验室查看，发现问题马上指导，大家一边养蚕，一边总结研究。

研究团队发现，饲育出的蓖麻蚕繁殖力强，产卵量较多，卵的质量高，用来繁殖赤眼蜂能够稳定提高赤眼蜂的质量。此外，培养寄主要兼顾两种昆虫的繁殖，既要照顾到繁殖问题也需考虑劳力成本，蓖麻蚕卵的繁殖刚好解决了这些问题。在试验期间，蒲蛰龙还专门向中国科学院实验生物研究所请教蓖麻蚕饲育的经验要点，调整了一些饲养试验方法。

松毛虫也是赤眼蜂繁殖的优秀寄主，研究团队在大量饲育松毛虫做寄主试验的过程中，也遇到不少困难。例如室内用养虫笼来饲育，当一个笼子里养的虫子多、密度高时，很容易发生病毒感染致死，初时感染致死率甚至高达90％；松毛虫蛾子的鳞毛对人的眼睛、鼻膜和喉头都有刺激作用，收集蛾子的工作难度不小，而松毛虫幼虫和附在蛹上的刚毛，对皮肤也有刺激，不能时常用手去捕捉；等等。这些困难都在蒲蛰龙团队日复一日的研究下攻克了。

通过长时间的试验发现，松毛虫卵和蓖麻蚕卵羽化出来的赤眼蜂远胜于麦蛾卵，体长且活跃，繁殖力强。一个松毛虫卵平均能羽化23.7头赤眼蜂，最高可达52头；一个蓖麻蚕卵平均可羽化28头，最高可达59头。而且，虫卵在0—4℃下冷藏，经过97天（松毛虫卵）和61天（蓖麻蚕卵）仍可供赤眼蜂寄生用。蓖麻蚕的优点最多，饲养容易，饲料终年不缺，每卵能繁殖许多赤眼蜂，而且能保持一定的生活力，卵耐冷藏。相比之下松毛虫则较难饲育。因此后期蒲蛰龙团队集中精力，专心用蓖麻蚕卵来繁殖赤眼蜂。

如何保证赤眼蜂的成虫寿命和繁殖力也是试验的关键。这一点与寄主的饲料密切相关，如果寄主卵的内含物质和量都适合于赤眼蜂幼虫营养之需，羽化出来的成虫体积大，繁殖力强，寿命也有延长的趋势。在蒲蛰龙的指导下，研究人员分别用了蜜糖、蔗糖、麦芽糖、果糖、葡萄糖、乳糖的 15% 溶液，以蒸馏水为对照做试验。结果显示，用蜜糖饲育对延长成虫寿命和增加繁殖的作用最为显著，比其他糖更适合做饲料。

在蒲蛰龙的领导下，团队一一解决了赤眼蜂的生活力、控制复寄生和室内繁殖代数、冷藏处理积累蜂量、保证成蜂营养等问题，从 17 种鳞翅目昆虫卵中筛选出的蓖麻蚕是大量繁殖赤眼蜂的理想寄主。用大寄生卵繁殖赤眼蜂的试验取得成功，由此开创了国内外"大卵繁蜂"的先例，并为后来国内运用柞蚕卵繁殖赤眼蜂、利用机器大量繁殖赤眼蜂提供了宝贵的经验。

人工繁殖的赤眼蜂在田间能够达到多大的寄生效能，是利用赤眼蜂防治害虫最主要的问题。蒲蛰龙在学院附近和农场试验地里进行赤眼蜂防治甘蔗螟虫的试验，并逐步推进。当他申请在学校附近 10 多亩甘蔗地和赤岗 400 亩甘蔗田做试验时，还受到其他人的质疑，但蒲蛰龙坚称："不试过怎么能说我们不行呢！"

1954 年 6 月 11 日下午 5 点，蒲蛰龙带领研究团队做赤眼蜂防治甘蔗害虫的第一次田野试验。他们在山岗地的 2 亩甘蔗地上，用竹筒做了 20 个简易的赤眼蜂释放器，每个释放器装进 60 粒将近羽化赤眼蜂的松毛虫卵，预计在每亩地释放 10800 头赤眼蜂。接着，6 月 15 日又做了第二次的放蜂试验。他们把释放赤眼蜂前 3 天和释放后第 5 天起的记录做比较，发现黄螟卵寄生率达 91.3%，条螟卵寄生率达 98.3%。团队终于迎来了激动人心的好消息：赤眼蜂在田间对螟虫卵发生有一定的防治作用。当年 10 月 18—22 日，他们放了 4 天蜂，同时记录蔗田的温度、湿度、风向、风速等数据，得到放蜂的恰当时间与天气的关系及释放器的相互距离等试验结果。

利用赤眼蜂防治甘蔗螟虫，经不断的研究试验及大面积生产实践，取得了很好的防治效果。放蜂区蔗螟卵寄生率提高到 1 倍至 10 多倍，甘蔗枯心苗减少 2 成到 8 成，甘蔗受害率普遍从过去的 20% 降低到 5% 以下，不仅使甘蔗的产量大增，而且提高了甘蔗的糖分。最终，蒲蛰龙的科研成果，得到华南农学院丁颖院长和广东省农业部门的大力支持，并在省内各地陆续推广。

1958 年 11 月，蒲蛰龙领导的研究团队在广东省顺德县（今佛山市顺德区）杏坛人民公社建立了全国第一个赤眼蜂繁殖站，进行利用赤眼蜂防治甘蔗螟虫的研究与推广，蒲蛰龙亲自讲授"以虫治虫——利用赤眼蜂防治甘蔗螟虫"，吸引了来自省内外的农业科技工作者。实践结果表明，甘蔗螟虫的为害率降低至2%，每公顷增产5.85吨至10.5吨。接着，广东的中山、阳江、遂

1959年，蒲蛰龙（中）在顺德沙滘甘蔗田调查。

溪等县陆续办起了20多个赤眼蜂站，该技术也在广西、云南、福建、湖南、四川等省份相继推广，研究团队也为全国各地培养了一大批技术骨干。到1971年，广东省利用赤眼蜂防治甘蔗害虫的农田面积已达20多万亩。"以虫治虫"的方法在生产实践中被广泛推广，在国内打响了现代生物防治的第一枪。

国内一些研究机构对大卵繁殖赤眼蜂的经验加以改进，利用柞蚕卵繁殖赤眼蜂防治玉米螟也得到了大面积推广应用。蒲蛰龙的学生、大卵繁蜂研究者之一邓德蔼把赤眼蜂防治玉米螟应用于黑龙江农垦系统。从1976年开始，繁殖赤眼蜂实现了工厂生产机械化。到了20世纪90年代，全国利用赤眼蜂防治甘蔗、水稻、玉米、苹果、棉花等植物害虫的面积发展到40万到53万公顷，一度超过67万公顷（不包括林业）。后来还形成了"蚕蜂蔗鱼"循环综合利用的生产模式，有很高的经济效益和生态效益。目前，应用赤眼蜂防治农林作物害虫的面积越来越大，繁育赤眼蜂进入工厂化、流水线式的作业模式，赤眼蜂已被广泛用于控制重要农林害虫，赤眼蜂的大规模繁殖方法、释放技术也得到了进一步的发展。蒲蛰龙及其团队的宝贵研究成果由此惠及后人。

蒲蛰龙是我国第一个系统地研究赤眼蜂并推动科研成果在生产实践中广泛应用的科学家，对于减少农药对生态环境的污染、降低农业生产成本、维护生态平衡起着积极作用。在 1978 年的全国科学大会上，蒲蛰龙及其研究团队以其重大贡献荣获大奖。

平腹小蜂防治荔枝害虫

荔枝是岭南佳果，为世人喜爱，不少文人骚客为这颗仙果写下了许多动人心弦的故事名篇，大文豪苏东坡就曾留下"日啖荔枝三百颗，不辞长作岭南人"的千古名句。而这诱人的水果常常因一种学名叫荔蝽（即荔枝蝽象，别名"臭屁虫""臭金蛋""金背"）的害虫为害而减产失收。

荔蝽，属半翅目中的蝽科昆虫，分布于我国的广东、广西、福建、云南一带，主要为害荔枝、龙眼、四季橘、金橘、柠檬、梅、梨、桃、橄榄、香蕉等果树。荔蝽受惊时射出臭液，人的皮肤接触到会红肿刺痛，甚至脱皮。荔蝽为害严重时，如不及时采取有效防治措施，会造成荔枝严重减产失收。

20 世纪 60 年代初，蒲蛰龙带领团队在广州市郊区的荔枝产地调研中了解到，从化县从 1955—1958 年因荔蝽为害，荔枝减产了 680 万公斤；花县花东公社杨河大队自 1956 年后每年都受到荔蝽为害，荔枝产量逐年减少。而果农防治荔蝽的办法，一是在冬季用力摇动树干让荔蝽坠地，或是在荔蝽产卵期间采摘卵块；二是用农药"敌百虫"去喷杀成虫和幼虫。蒲蛰龙认为这些办法有一定的效果，但人工防治花费时间长，对长得高的树作用不大，而且如果用药的浓度和喷药的时间掌握不好，会引起一系列不良后果。他希望像利用赤眼蜂防治甘蔗螟虫那样，用"以虫治虫"的办法来防治荔蝽。美国曾经用平腹小蜂来防治荔蝽，具体的做法却没有详细报道。在自然界中，平腹小蜂是荔蝽的克星，假使能像繁殖赤眼蜂那样人工繁殖平腹小蜂，那么荔蝽就有望被消灭。循着这个思路，蒲蛰龙正式开始研究利用平腹小蜂防治荔蝽的试验。

平腹小蜂属膜翅目旋小蜂科，是完全变态昆虫。自然界的平腹小蜂数量远远不够，不足以达到消灭害虫的目的，唯有人工大量繁殖平腹小蜂，才能做到真正的防治。但蒲蛰龙在调研中发现，平腹小蜂有许多种，防治荔蝽至关重要的是要选对荔蝽卵平腹小蜂，若选错品种，只能是竹篮打水一场空。因此，在做大量的人工繁殖之前，应首先从荔枝园中采集平腹小蜂，鉴定确认品种后再进行繁蜂工作。

有了之前利用赤眼蜂防治甘蔗螟虫的宝贵经验，繁殖平腹小蜂实验的成功率就大大增加了。这项科研工作得到中山大学领导的支持，蒲蛰龙从中山大学生物系和中国科学院广州昆虫研究所（1961年后改名为中南昆虫研究所）抽调了几位同志来共同研究。他告诉研究人员，要防治荔蝽，首先要了解其生活史和生活习性。为此，他多次带领研究小组成员到从化县太平公社等荔枝园进行调查。在调研荔蝽的生长情况中，蒲蛰龙发现，荔蝽一年只有一代，越冬期内基本蛰伏不动，到来年的3月天气暖和才出来活动。每粒雌虫一生可产70—140粒卵，产卵时间从每年3月至8月，主要集中在4、5月间。由此推断，冬季和春季是防治荔蝽的关键时期。荔蝽一半以上的成虫越冬多集中在荔枝树温度较高的东南向的下层，而且喜欢在避风和叶浓的荔枝树上生活。经过对荔蝽和平腹小蜂的形态构造、生活史和生活习性进行深入研究后，蒲蛰龙认为要充分掌握好几个主要环节：一要大量繁殖平腹小蜂，并做好寄主卵的储存和积累；二要控制好平腹小蜂的发育，即在荔蝽将要产卵或开始产卵时放蜂较为合适；三要在荔枝园散放时做好观察记录，并在试验过程中选择放蜂区和自然区做对比。于是，他带领研究人员开始了利用蓖麻蚕卵作为优良寄主在室内繁殖平腹小蜂的试验。

在实验室里人工大量繁殖平腹小蜂前，要做好繁蜂前的各项准备工作，包括准备繁蜂所需的各种设备、梳理繁殖规程和方法、寄生卵的处理等工作。1960年8月，研究人员从广州近郊收集到平腹小蜂，经蓖麻蚕卵连续繁殖了6代。在繁蜂过程中，团队对平腹小蜂生活力的影响因素，寄主卵及被寄生卵的冷藏进行反复的试验，试验结果表明，每头雌蜂一生能产200—250粒卵，每粒卵能消灭 1 粒荔蝽卵。这说明大量繁殖平腹小蜂防治荔蝽是行之有效的。蒲蛰龙还发现繁殖出来的平腹小蜂有不少优点：只要在适当的温度条件下就可以大量繁殖；成虫寿命长，在田间发生作用的时间也长；雌蜂羽化交尾后不必重复交尾，即可继续产受精卵；在广东地区平腹小蜂能够以幼虫过冬，翌春羽化，根据这个特点在秋冬时节令其大量繁殖，待来年春天应用。

蒲蛰龙认为这个研究课题还可以与蓖麻蚕饲养事业结合起来。蓖麻蚕卵除了可繁殖平腹小蜂外，蓖麻蚕丝是纺织工业原料，蓖麻蚕粪可防治鲩鱼瘟，蓖麻籽油是高级润滑油，又是医用药物；饲养蓖麻蚕的木薯是制淀粉的原料，又可用作粮食。因此，繁殖平腹小蜂防治荔蝽是件一举多得的好事。

1961 年 4 月 27 日至 5 月 12 日，蒲蛰龙研究团队在花县花东公社荔枝园进行放蜂试验，结果令人满意。在蒲蛰龙指导下，中南昆虫研究所的黄明度、麦秀慧等科研人员大量繁殖平腹小蜂后，在广东省内的从化、增城、花县等荔枝主要产区放蜂试验，均收到显著的效果。

蒲蛰龙非常重视试验成功后的推广应用工作。1966—1967 年，蒲蛰龙指导中南昆虫研究所与从化县农业局、增城县果蜂办公室，在从化县太平公社、增城县增江公社及新塘公社联合进行了大田表证示范，证明了平腹小蜂防治荔蝽效果显著。1967 年 3 月 25 日至 4

20世纪60年代,蒲蛰龙(中)在荔枝园检查平腹小蜂防治害虫效果。

月14日,在荔枝园每隔10天散放一次平腹小蜂,共放了3次。到了5月上旬,荔蝽卵寄生率在放蜂的荔枝园里达到了86.57%—94.04%,到了5月中旬,放蜂区寄生率高达97.55%—100%,几乎全歼荔蝽卵了。

1969年秋冬季节,广东东莞县(现东莞市)荔枝产区出现了严重的虫灾,请求中山大学派专家到县帮助解决问题。在广东英德"五七"干校劳动的蒲蛰龙知道这个情况后,不顾自身身体状况,与妻子利翠英一起直奔虫害灾区。在东莞荔枝园,为了掌握第一手材料,蒲蛰龙和中山大学生物学系的部分师生,与当地干部技术人员一起早出晚归,爬陡峭不平的山路,到各公社的荔枝园实地察看虫害情况。有时候顾不上吃午饭,下山时蒲蛰龙就和大家一样吃几个沙梨垫垫肚子。东莞县茶山公社增埗大队的鲤鱼山荔枝园受虫灾比较严重,当地民众称之为"金背祠堂"(比喻荔蝽聚集的地方)。一名荔枝园的管理员拉着蒲蛰龙的手哭诉,这几年荔枝害虫特别多,他们的荔枝园成为重灾区,损失的荔枝不是 1 千斤、1 万斤,而是成百万斤!往年他们喷过很多"敌百虫"农药,情况稍好些,但总是不能从根本上解决问题。他追问蒲蛰龙,除了喷农药,还有没有别的办法。东莞荔枝受害情况,蒲蛰龙目之所及,耳之所闻,心里着急万分,他希望能早日帮助东莞解决害虫问题。

　　蒲蛰龙根据之前大田示范经验,决定与东莞"五七"大学共同举办"害虫生物防治培训班",让学员们学成后回到各自公社组织开展大面积放蜂除虫工作。但是东莞的平腹小蜂数量很少,必须人工大量繁殖,而且要赶在春季荔蝽产卵前准备好,有计划地散放,才能收到防治效果。此时此刻,秋天已过,寒冬来临,养蜂迫在眉睫,还要面对很多问题和困难,这在学校的实验室里和小范围的示范试验中是预料不到的。蒲蛰龙当机立断,无论如何一定要克服困难,争取时间,将平腹小蜂在东莞大量繁殖出来。

1969年11—12月,蒲蛰龙带领中山大学生物学系的部分师生和东莞"五七"大学的学员,在东莞茶山公社做繁蜂试验。当时山区还比较荒凉,要在一片山坡上搭建茅棚做繁蜂室,还需要准备好繁蜂箱、繁蜂架、温箱、放卵板、贮卵箱等繁蜂必需用品。没有现成的器具,蒲蛰龙和大家一起就地取材,亲自动手做。看着蒲蛰龙和周昌清、庞义等年轻老师熟练地拿起木锯充当木工师傅,搭起茅棚,做简易桌子、蜂箱……大家都热情高涨,积极投入,很快就准备妥当。

时值岭南寒冬,为了确保实验室温度不至太低,需添火加温,晚上大家轮流值班看管室温。严冬半夜,大地沉寂,人们都进入梦乡,而蒲蛰龙老是惦记着繁蜂房。他担心年轻人白天劳累了半夜起不来,不顾年高体弱,常常晚上轻手轻脚爬起床,摸黑走出住房,打着手电筒走到繁蜂房,细心观察平腹小蜂的生长情况。若发现温度偏低,他马上添火加温,调节室内温度。因为如果繁蜂房温度低,会直接影响到平腹小蜂的正常繁殖,那就功亏一篑了。后来,大家发现蒲蛰龙常常半夜三更摸黑下楼观察平腹小蜂培育情况,又敬佩又心疼,再三劝告这位老教授：以后千万不能这样做了！蒲蛰龙却只摆摆手，微笑着说："没关系，我年纪大了，睡眠时间用不着那么长，半夜醒来，下楼去看看，不碍事的，这也是我的职责嘛！"

刚开始试验时，繁殖出来的平腹小蜂总是不符合要求：产卵少，死亡率高，公蜂比雌蜂多等。大家心里都十分焦急，尤其是周昌清，急得哭起来了，担心错过了防治荔蝽的最好时机。蒲蛰龙和利翠英、庞义等仔细排查了原因，为改善繁蜂棚环境采取了一系列措施。如及时调节室内温度；在煤炉排气管道上加罩密封后放室外，让木炭燃烧后放出的一氧化碳通到室外去，减少对平腹小蜂的伤害，解决雄蜂多于雌蜂问题；设法开窗、外加塑料薄膜密封盖严茅房四周，改变室内光线不够明亮的问题。为保证繁蜂顺利，蒲蛰龙带领生物系的年轻老师认真地做了大量平凡琐碎的工作。在山区调研和繁蜂的每一天，他都是和大家一样，吃着两毛半一份的饭菜，干着又累又饿的体力活。当大家谈到他这样在农村实地搞科研太辛苦时，蒲蛰龙却说："这一点辛苦不算什么，搞科学研究是向自然界了解的过程，不能因为风雨寒冷阻挡就退缩。我们进行昆虫学研究，最重要的是要掌握第一手材料，要进行实际观察，例如，平腹小蜂到底怎么生长的，培育过程会出现些什么问题，怎样解决，这是一项科学的细致工作，没有经常的反复观察研究是不行的。不做详细的了解和记录，就无法掌握平腹小蜂的生长规律、生活习性及其繁殖的过程，就不能保证小峰的正常生长。这是个责任问题，来不得半点粗心大意，个人辛苦一点又算得了什么呢。"蒲蛰龙以身作则、身先士卒的精神令大伙都为之动容。经过近半年的反复试验，在简陋的茅棚里成功繁殖培育出大批的平腹小蜂，可供东莞县各公社、大队的荔枝园广泛放蜂治虫。

与此同时，蒲蛰龙还与中山大学生物学系的老师们和东莞县"五七"大学共同举办害虫防治培训班，他牵头为培训班的学员们讲生物防治害虫课，特别是现场动手做繁殖平腹小蜂防治荔蝽试验。培训班一共举办了16期，蒲蛰龙亲自写讲义，把学员名单全记录下来，做好学习情况记录，耐心解答他们的问题，并通过选出培训班的班长、副班长，组织、督促学员参加培训学习，使培训工作真正落实到个人。他和中大生物系的老师为东莞的12个公社培养了大批农业科技骨干，指导他们根据当地农村具体情况，用"土法"繁殖平腹小蜂。

茶山增埗的荔枝树大都长在山坡上，树高叶浓。这里的农民为了消灭荔枝害虫，过往多爬上树去喷洒"敌百虫"，费用高，收效微，还毒死了采花的蜜蜂，荔枝产量不断下降。当听说中山大学蒲教授调来"天兵天将"要歼灭荔蝽，果农既高兴又惊奇，都聚在一起观望蒲蛰龙和科技人员如何大显神通。他们看到每棵树的树枝上都挂着两三张小纸片，惊讶道："巴掌大的一张纸片，能够杀死荔蝽？这纸片上有什么东西，这样厉害？"人们急不可耐地议论起来。不久，就看到挂在树枝的小纸片上有很多小蜂从孔中爬出来，有的爬到叶子上，有的爬到芽和花上，分头找寻荔蝽产的卵。

蒲蛰龙跟大家详细讲解了其中的道理："别看这么一小张纸片，上面粘有一二百个平腹小蜂的卵呢，这些纸片是培训班的同志们花了很多功夫做成的。每个卵有一个比较大的羽化孔，小蜂长翅后就从这个小孔爬出来。你们看，刚才不是有很多小蜂从小孔里长翅爬出来了吗？因为只有雌的蜂能产卵寄主，所以我们将发育到后蛹或者就快羽化的蛹按一定的雌蜂量分放到荔枝树上，让它们自行羽化。就是说，到差不多时间，纸片上粘住的卵里的蛹就羽化爬出来成了小蜂。这小蜂看起来只有蚂蚁那么小，怎么能杀死荔蝽呢？自然界就有这种害虫的天敌。别看荔蝽这种荔枝园区最普遍严重的害虫，吸食荔枝的叶和芽来，真是又凶又狠，可是一碰上平腹小蜂，它就没戏了。"蒲蛰龙说道，"你们看到小蜂跳出来以后还找什么吗？就是找荔蝽的卵。平腹小蜂专门把卵产到荔蝽卵内，蜂幼虫在荔蝽卵内发育成虫后又破卵飞出，结果荔蝽卵被破坏，使荔蝽无法繁殖。这种以平腹小蜂防治荔蝽的方法，我们过去和一些单位联合进行过初步试验，防治效果很好呢。现在是在你们这里大面积推广，只要大家齐心努力，不断总结经验，就一定可以成功！"蒲蛰龙深入浅出、生动易懂的讲解，让现场的学员和干部群众深受教育。

1970年春，蒲蛰龙带领研究团队陆续在东莞县12个公社进行了大面积放蜂治蟓试验。放蜂的当年荔枝就获得了大丰收，在当地被传为佳话。"荔蟓的老祖宗也不顶用了！"果农们特别高兴，编起小调唱起来："小小蜂，真有用；容易养，能除虫；保丰收，立大功！"当年庆祝荔枝丰收的欢乐热闹景象令人难忘。

蒲蛰龙在东莞农村生活了半年多，与农民同生活、同劳动，吸取了群众宝贵的实践经验。1970年8月7日的《人民日报》第二版，以"面向群众，面向实际，改造生物系"为题，报道了中山大学生物系在东莞举办"害虫生物防治"培训班，"自己动手，土法上马，搞起繁殖平腹小蜂的设备……利用平腹小蜂消灭荔枝蟓象，受到贫下中农的热烈欢迎"，说明生物系"方向对了，大有奔头"。此后8年里，这种"以虫治虫"的方法在东莞普遍推广，全县建立了30个蜂站。此法还被推广到从化、增城、花县各荔枝产区应用，平腹小蜂在荔乡安下了家。除广东省外，这项研究成果在福建、广西等地也得到了推广。1989—1991年我国利用平腹小蜂防治荔蟓的面积达500公顷。泰国也曾应用该项技术防治龙眼树的荔蟓。

1972年,蒲蛰龙、利翠英在研究平腹小蜂繁殖。

　　1971年初,这个饱含蒲蛰龙和科研人员心血、在教学科研实践中反复论证的成果,由蒲蛰龙亲自执笔撰写《利用平腹小蜂防治荔枝蝽象》,把整个研究试验过程,包括荔蝽的生物学防治、平腹小蜂的发生规律、人工大量繁殖平腹小蜂技术、平腹小蜂的散放技术及效果检查等一一记录下来,作为重大科研成果于1971年10月在《中山大学科技情报》上印发,并刊登在《科学通报》1973年第6期,于1992年编入《蒲蛰龙选集》。值得一提的是,《平腹小蜂的胚胎发育和胚后发育》成为利翠英的经典之作,该研究成果对平腹小蜂的人工繁殖具有重要的指导意义。

"他坚持把科学实验延伸到田间地头，解决农业生产中的重大难题。他率先在我国南方大规模应用和推广'以虫治虫'的生物防治技术，解决甘蔗、荔枝等农作物的病虫害防治难题，为国家的农业发展和民生事业做出杰出贡献。"这是 2023 年 5 月中山大学校园歌剧《奋斗的岁月》里评价蒲蛰龙的解说词，可以说是他的科学研究从田野中来、到田野中去的最好注脚。

引进澳洲瓢虫

在 19 世纪的中后期，美国加州的柑橘树上，长满了吹绵蚧壳虫（又称绵团蚧、白蛆和白蜱），几乎毁灭了全部柑橘园，科学家们使用了包括多种农药喷杀等办法，也无法从根本上解决问题。后来，他们了解到澳洲的吹绵蚧壳虫没有泛滥成灾，是因为那里有专门吃这种蚧壳虫的瓢虫。因原产澳洲，科学家们就将其命名为"澳洲瓢虫"。

吹绵蚧壳虫和粉蚧壳虫是柑橘和农林作物的主要害虫，主要危害柑橘树、梨树、桃树、李树等果树和花卉中的玫瑰等。它们一年繁殖两三代，幼虫、成虫和卵都能越冬，生活力强。1889 年，美国昆虫学家赖利（Riley）用澳洲瓢虫防治柑橘吹绵蚧壳虫获得成功。这宣告了生物防治学科的诞生，作为生物防治的经典范例被载入史册，在世界植物保护史上具有重大意义。1929 年，在上海租界曾有外国人引进澳洲瓢虫防治海桐花上的吹绵蚧壳虫；1932 年，浙江省昆虫局果虫研究所工作的昆虫学家任明道赴台湾采集"澳洲瓢虫"（据庞雄飞说这是大红瓢虫而非澳洲瓢虫，浙江学者任伊森认为是黑腹红瓢虫），在浙江省黄岩柑橘园释放。这是我国大陆输入瓢虫的首次记录，但没有获得农业生产上的效果，吹绵蚧壳虫依然存在，此后也未见有关此类瓢虫在我国生活情况的报道。

20 世纪 50 年代初，广东的柑橘、木麻黄等果树、林木遭受吹绵蚧壳虫和粉蚧壳虫的严重危害。蒲蛰龙了解到澳洲瓢虫可以防治柑橘等农林作物害虫，希望通过苏联引进。对于引进澳洲瓢虫，当时华南农学院有不少反对和怀疑的声音。但蒲蛰龙认为：西方国家试验成功了，我们也可以，而且如果试验成功，那是一本万利的事情。因此，他坚持要做这个试验。当时来华指导科研的苏联专家提出，可以从苏联引进澳洲瓢虫和孟氏隐唇瓢虫，但要跟蒲蛰龙交换可以防治甘蔗、水稻等农林作物害虫的赤眼蜂。经华南农学院领导同意，蒲蛰龙用 5 种寄生蜂交换苏联的澳洲瓢虫和孟氏隐唇瓢虫。

1955 年 4 月和 8 月，苏联农业部寄来两批澳洲瓢虫，但都没有活着的。11 月 17 日收到第三批澳洲瓢虫，据邓德蔼说："我们非常幸运的是，寄来了 8 对，只有 1

1955年,蒲蛰龙带领研究团队在华南农学院的实验室繁殖澳洲瓢虫和孟氏隐唇瓢虫。

对成虫和 2 个蛹还活着,蛹羽化后共得 2 雌 2 雄澳洲瓢虫。"繁殖澳洲瓢虫的工作主要由蒲蛰龙的研究生邓德蔼来负责。

澳洲瓢虫繁殖成功后,于 1955 年 12 月 21 日开始,蒲蛰龙和研究人员一起把二、三龄澳洲瓢虫幼虫 33 头移放到华南农学院实习农场的 5 株柑橘树上。这些幼虫在 1956 年 1 月 18 日至 2 月 9 日先后羽化出成虫,将柑橘树上的吹绵蚧壳虫全部歼灭了。接着,他们再放饲一、二龄幼虫 321 头,到 4 月 11 日发现柑橘园里没放瓢虫的柑橘树和木豆树上也发现了澳洲瓢虫的踪迹。到 5 月中旬至 6 月下旬,在华南农学院的校园内陆续发现很多澳洲瓢虫的蛹、幼虫和成虫，说明澳洲瓢虫已懂得随风"觅食"，在这片异国的土地上生存下来了。1957年2月，华南工学院（现华南理工大学）校园的木麻黄树发生吹绵蚧壳虫为害。通过先后释放100头澳洲瓢虫，到5月中旬，这些树上的吹绵蚧壳虫全被歼灭。1957年初，华南农业科学研究所农场的柠檬树上，吹绵蚧壳虫又繁殖起来。4月中上旬，蒲蛰龙团队先后将澳洲瓢虫成虫100头、幼虫300头移放于虫害最严重的6棵柠檬树上，至5月底，整个柠檬园都有澳洲瓢虫分布。6月中旬时，此园已不再有吹绵蚧壳虫的身影，澳洲瓢虫数量也相应减少了。此后一段时期，该园极少发现吹绵蚧壳虫。此外，蒲蛰龙和研究人员还将澳洲瓢虫散放于广州郊区。至1958年六七月间，越秀山、环市公路、广州至石牌郊区的公路等已有澳洲瓢虫的踪迹。

位于粤西南海之滨的电白县，有一个名叫虎头山的地方，这里碧波万顷，衬托着20千米长银白色的沙滩，后面是绵延百里的防风林带。中华人民共和国成立初期，这里是一片饱受风沙侵害的荒芜海滩。1954年，当地人民响应政府号召，硬是用一挑挑泥、一担担水，在这片不毛之地上植树造林，近5万亩沙滩上蜿蜒着第一条全国最长的海岸防风林带——木麻黄树带，被誉为"绿色长城"。可是，1956年底，这条木麻黄树防护林发生了严重的吹绵蚧壳虫为害，木麻黄树垂危。当地政府和林业部门为了保护珍贵的防风林带，来回喷施化学农药，花费了大量的人力物力，但都无济于事，还严重污染了周围环境。

广东省林业厅有关领导请蒲蛰龙帮忙，蒲蛰龙告诉他们，要把澳洲瓢虫引到那里去才能真正解决害虫问题。1957年2月，由蒲蛰龙在中山大学农学院的同学、时任广东省林业厅副总工程师兼技术室负责人的朱志淞带领省林业厅工作人员，将澳洲瓢虫数百头及其子代输送到电白县木麻黄树林带。至6月间，澳洲瓢虫借助人工助迁已分布到全林带的各个地段，控制了吹绵蚧壳虫的为害。澳洲瓢虫在林带建立了种群，并和吹绵蚧壳虫处于平衡状态，获得了长期的防治效果，节约了大量农药和劳动力。知道内情的人说，那么大面积的"绿色长城"被保护下来，要归功于蒲蛰龙和他的研究团队，应该在电白县为以虫治虫立一块纪念碑。据称，时任中共广东省委第一书记的陶铸，听汇报说电白博贺的"绿色长城"因澳洲瓢虫而被保护下来，还风趣地称澳洲瓢虫为"共产主义虫"。

1973年，画家关山月前往此地，有感于防护林迎风而立、摇曳多姿的场景，创作了国画《绿色长城》，记录了满目苍翠的景象。1989年11月，《茂名日报》编辑冯华琼写信给蒲蛰龙请教当年治虫情况时，写道："茂名大地绿化有今日成就，是广大林业工作者、人民群众及党的领导取得的。其中也有您的一份功绩！因为没有您引进的澳洲瓢虫，就没有今日南海林带。"确实，引进澳洲瓢虫保住了"绿色长城"，功德无量！

20世纪60年代初，蒲蛰龙团队助迁澳洲瓢虫至重庆北碚，后来许多地区都发现了澳洲瓢虫，有效地控制了吹绵蚧壳虫的危害。

20世纪60年代后，广西、浙江、江苏、四川、湖北、福建、云南等省份把这个研究成果引进，并推广到台湾相思树等植物上。1988年6月23日，蒲蛰龙出席了在福建省福州市召开的"纪念澳洲瓢虫输引成功100周年"全国瓢虫学术讨论会，并撰写了文章《澳洲瓢虫引进我国简述》。事隔多年，人们逐渐淡忘了澳洲瓢虫的存在，偶尔在木麻黄树上看到几只"小白花"，说明还有极少数吹绵蚧壳虫存在，但得益于蒲蛰龙引进澳洲瓢虫的贡献，害虫不再泛滥成灾。

引进孟氏隐唇瓢虫

1955年，蒲蛰龙通过苏联农业部引进澳洲瓢虫的同时，为了防治粉蚧壳虫，还引进了孟氏隐唇瓢虫。在蒲蛰龙的指导下，由他的研究生邓德蔼、黄竞芳、何等平负责在室内喂养和人工繁殖孟氏隐唇瓢虫，蒲蛰龙和利翠英则对孟氏隐唇瓢虫的生物学、生态学特性及繁殖方法等进行系统的研究。

蒲蛰龙引进这种瓢虫时,是希望其能在自然界里建立群落、自行繁殖,但当时只能先依赖人工繁殖获得一定的瓢虫数量。研究团队摸索出一套利用马铃薯芽和南瓜来进行室内繁殖的工作程序和办法。繁殖成功后,在1955年的9—10月,研究团队将成虫60头、幼虫370头分4批放饲于华南农业科学研究所柑橘园内有粉蚧壳虫为害的树上。孟氏隐唇瓢虫当即在柑橘树上捕食大量粉蚧壳虫,并在田间自行繁殖。在1956年至1957年,蒲蛰龙带领研究团队进行孟氏隐唇瓢虫室内大量繁殖试验。此后,研究团队先后在广东、福建、四川等省散放孟氏隐唇瓢虫,在防治柑橘粉蚧、大红粉蚧、可可粉蚧、重阳木粉蚧、君子兰粉蚧等农林害虫上,均有明显的效果。

孟氏隐唇瓢虫自1955年在广州地区散放后,由于诸多原因,暂时中断了对它的研究。然而孟氏隐唇瓢虫已经悄悄地在这片异国的土壤上扎根了。至1978年六七月,蒲蛰龙的学生、著名昆虫学家庞雄飞教授和他的夫人李丽英在广州市东川路附近发现有孟氏隐唇瓢虫。次年5月,他们正在佛山上初中的女儿庞虹看到有很多疑似昆虫的蛹出现在上学路边的石栗树上。因之前听父亲讲过蒲蛰龙引进瓢虫的故事,并看过孟氏隐唇瓢虫的图片,庞虹怀疑是孟氏隐唇瓢虫。她将其取下做标本寄给庞雄飞,经鉴定后证实是孟氏隐唇瓢虫,标本也被送到了蒲蛰龙的实验室。1980 年以后，人们更多地发现它的踪迹。20 世纪 90 年代华南农业大学利用孟氏隐唇瓢虫防治新入侵害虫湿地松粉蚧获得成功。

建议引进天敌防治松林害虫

马尾松树是我国主要的森林资源之一，具有很高的生态效益和经济效益。20 世纪 70 年代末，在南岭山脉中，绵延着约 4000 万亩松树林。当地山民从松树上收集松脂卖给工厂，是林业生产的重要经济收入。然而，从 20 世纪 80 年代初开始，各地林业部门发现，不少松树突然"生病"了：先是松针变黄、枯萎、掉落，严重的甚至整棵树死亡，大量树木如同被火烧过般焦黄，而且有从发生地不断向外蔓延扩散之势。广东省有关部门在调查后发现，背后的"肇事者"是一种名叫"松突圆蚧"的外来害虫。

松突圆蚧是被列为国际重大森林植物检疫对象的危险性害虫。1956 年日本学者高木贞夫在台湾采到松突圆蚧标本，1969 年将其定为一新种。1980 年日本学者河合省三确认此虫在冲绳群岛、先岛群岛都有分布，且对松树造成危害。1983 年，我国林业部把松突圆蚧列入森林检疫害虫名单，认为松突圆蚧是毁灭性害虫。

松突圆蚧首次在广东被发现是在 20 世纪 80 年代初，每年的 3—5 月是虫害发生的高峰期。松突圆蚧对广东松树林造成的破坏越来越严重,还可以通过爬行或借助风力作近距离扩散,或是随寄主苗木、接穗、鲜球果及原木、枝梢、盆景等调运作远距离传播,每年给广东造成数以亿计的损失,被形象地称为"无烟的森林火灾"。从 20 世纪 80 年代初在中国香港、澳门相继发现马尾松树大片发病致死,到 1982 年初在内地珠海、深圳首次发现,此后其他地区陆续传来松树受害的报告。人们猜测,松突圆蚧有可能是由进口的圣诞树传进来的。1982 年 5 月,香港、澳门的松树虫害严重,两地向广东求援,引起了广东省有关部门的重视。有关部门采取封锁疫区杜绝人为传播、疫区边缘营造阔叶林带、修枝间伐松林、喷洒松脂柴油乳剂等多种防治措施,耗资近 5000 万元,但仍未能达到彻底防控的目的。

时任广东省副省长的凌伯棠亲自主抓这项工作,广东省林业厅成立了"广东省防治松突圆蚧指挥部",请蒲蛰龙任技术顾问组的副组长。蒲蛰龙根据 20 世纪 50 年代引进澳洲瓢虫等天敌防治蚧壳虫的成功经验,提出了引进天敌进行生物防治的策略,他认为松突圆蚧最早是在我国的台湾岛和日本的冲绳群岛、先岛群岛发现的,可考虑从害虫原产地引进天敌。这是一种比较理想的生物防治手段。

蒲蛰龙这一提议报上去后,得到了广东省林业厅及上级部门的重视与采纳。1986 年 7 月 15 日至 29 日,由林业部组织的"中国松树害虫考察团"到日本进行了松突圆蚧天敌的考察，发现冲绳群岛的松树未遭松突圆蚧为害。而后，考察团在今归仁村发现了可防治松突圆蚧的花角蚜小蜂。从1987年开始，广东省林业厅森防站在日本琉球大学东清二教授的大力支持和有关方面的协助下，先后从冲绳寄来10多批花角蚜小蜂，但在室内饲养未能成功。1989年4—5月，广东省林业厅再度派出考察团前往日本冲绳群岛和先岛群岛，带回来3批虫，获得了2000多头花角蚜小蜂。除在室内进行繁殖外，还在惠东县的松树林以笼罩方法繁殖饲养成蜂200多头，在惠东寨场山松林试验研究。当年9月份，在松树林里找到花角蚜小蜂，说明此蜂已在野外定居。此后，广东省先后从日本引进了16批花角蚜小蜂，并自1989年起建立林间蜂种基地106公顷，林间放蜂定居获得成功，防治松突圆蚧效果显著。

1990—1992年，我国在松林疫区设人工助迁释放点和飞机撒放点8000多个，释放花角蚜小蜂170万头，定居成功率达90％以上，在疫区林带建立了种群，松树恢复了郁郁生机。至1993年，放蜂分布和控制松突圆蚧的松林面积达25.33万公顷。该项成果于1993年4月在广州通过部级科技成果鉴定。专家们认为，这是我国引进寄生性天敌控制侵入性森林害虫取得成功的先例，是害虫生防技术上的一次重大突破。

蒲蛰龙和中山大学昆虫学研究所的古德祥、周昌清、林汉昌等研究人员参与了防治松突圆蚧的研究试验过程，做了很多重要工作。然而，为了避免引起不必要的误会，蒲蛰龙要求中山大学昆虫学研究所的研究人员不要插手花角蚜小蜂的研究成果应用问题，只研究引进的其他寄生蜂。

对于蒲蛰龙助人为乐而不图回报的低调作风，大家充满钦佩，但整个工作毕竟是在蒲蛰龙提出后，大家共同研究、付出心血的成果。古德祥等中大昆虫学研究所的同志们认为，"从害虫原产地引进天敌防治松突圆蚧"是蒲蛰龙提出的，首功当属蒲蛰龙。因此，古德祥要把利用花角蚜小蜂防治松突圆蚧的整个过程总结出来，作为中山大学昆虫学研究所的一项重要工作上报，却遭到蒲蛰龙的反对。他认为："这项工作是广东省政府安排给广东省林业厅和广东省昆虫研究所共同负责的，我们作为该课题的研究人员，只是尽了自己的责任而已。"他再三表示，对这件事情"绝不能上报、不能对外宣传"。

但是，历史不会忘记：蒲蛰龙的一个重要建议，中山大学昆虫学研究所的课题实验，保住了粤港澳地区整片松树林！

以黄猄蚁防治柑橘害虫

中国是柑橘的重要原产地，有着 4000 多年的柑橘栽培历史，柑橘资源丰富，优良品种繁多。然而，柑橘多发疮痂病、溃疡病、炭疽病、树脂病等，最为严重的当数柑橘黄龙病，不仅影响产量和品质，甚至造成柑橘园"全军覆灭"。

20 世纪 70—80 年代，广东地区一些柑橘产地就发生了柑橘黄龙病，对柑橘生产造成了极大危害，如任其蔓延，将造成树死园毁的致命打击。蒲蛰龙得知后，带领中山大学青年教师杨沛等在广州萝岗、肇庆四会县黄田公社和福建省华安县等柑橘产地实地考察调研，发现不少柑橘园区都有黄龙病发生情况。他很清楚，大量试验证明，柑橘黄龙病就像癌症，是很难根治的，但可以从各个方面进行有效防控，使果农的损失降到最低。

蒲蛰龙发现，我国劳动人民在长期的生产实践中，有利用黄猄蚁防治柑橘害虫的经验记载。公元 304 年，晋嵇含所著《南方草木状》一书里，就记载了我国南方利用黄猄蚁防治柑橘害虫："交趾人以席囊贮蚁，鬻于市者，其窠如薄絮，囊皆连枝叶，蚁在其中，并窠而卖。蚁赤黄色，大于常蚁。南方柑树，若无此蚁，则其实皆为群蠹所伤，无复一完者矣。"这是在世界上以虫治虫生物防治最早记载的先例。黄猄蚁分布在我国广东、广西、福建、云南、四川等省份，能捕食柑橘灰象甲、绿鳞象甲、白毛绿丽金龟、光绿橘天牛等 20 余种害虫。然而由于化学农药的滥用，黄猄蚁的繁殖受到一定的影响。

20 世纪 70 年代，在广东四会县柑橘园里，蒲蛰龙带领杨沛等研究人员研究了黄猄蚁的生物学特性，总结了群众采集蚁群和放养的经验，开展了利用黄猄蚁防治柑橘害虫的试验，并对古老的"以虫治虫"方法加以改良。他们指导柑农在相邻柑橘树间用长竹片架设蚁桥，便于黄猄蚁活动，扩大治虫的受益面积；在柑橘树头设置盛水防逸圈，不让黄猄蚁下地觅食，促使其专门捕捉树上的害虫，提高黄猄蚁的治虫效能。

改良传统办法防治柑橘害虫的结果表明：黄猄蚁能捕食大绿蝽等 10 多种害虫，用黄猄蚁治虫比施放化学药物治虫可减少落果 30% 以上，再加上采取防逸措施，则可减少落果 60% 以上，从而使柑橘黄龙病的发生率降低 50% 左右。该项研究成果影响较大，是我国结合传统方法防治害虫的成功范例。为此，上海科教电影制片厂专门拍摄了《黄猄蚁——柑园卫士》科教片。"黄猄蚁有关史料及其用于柑桔害虫防治的研究"科技成果获得 1988 年"国家教育委员会科学技术进步奖"二等奖。

1988年,"黄猄蚁有关史料及其用于柑桔害虫防治的研究"获奖。

以病原微生物治虫

生物防治中的"以菌治虫"又称微生物治虫,主要是利用害虫的病原微生物进行防治。1834年,意大利学者阿格斯帝诺·巴谢(Agostino M. Bassi)首次证明白僵菌使家蚕发生"白僵病",奠定了昆虫病理学的基础。1879年,俄国的梅奇尼科夫(Metchnikof)曾用昆虫病原真菌金龟子绿僵菌来防治金龟子幼虫,这是世界上最早的以菌治虫事例。自此以后,世界各地掀起了利用昆虫病原真菌防治害虫的研究。蒲蛰龙也参与了利用质型多角体病毒防治马尾松毛虫和核型多角体病毒防治斜纹夜蛾等课题的研究,在微生物防治害虫领域常出成果,并致力于推动科研成果投入生产，惠及农业发展。

马尾松毛虫是一种以松针为食、危害较大的森林害虫。20世纪70年代初，蒲蛰龙和中大昆虫研究室的研究人员在野外考察时发现，广州市郊龙眼洞一带的马尾松毛虫，常因感染病毒而死亡。他从松树上取下松毛虫尸体研究，发现其感染的是马尾松毛虫细胞质型多角体病毒（简称DpCPV，或CPV）。有同行对蒲蛰龙的发现持怀疑态度，认为感染DpCPV不是松毛虫死亡的原因。为了弄清楚DpCPV的形态和结构，蒲蛰龙不顾年迈和眼疾，长时间在透射电子显微镜下观察研究，证实了就是DpCPV令松毛虫死亡的。该病毒主要是感染幼虫的中肠柱状细胞，杯状细胞也偶受感染，而前肠、后肠以及其他组织不受感染、不发生病变，感染部位为细胞质。病毒粒子包容于多角体内，每个感染细胞有大量的多角体。多角体可被0.03M摩尔/升的碳酸钠水溶液所溶解，溶解后释放出大量的病毒粒子。此后，蒲蛰龙和同事把研究成果撰写成《马尾松毛虫幼虫质型多角体病毒的研究简报》发表在1976年第4期的《中山大学学报》。蒲蛰龙认为，利用DpCPV做成微生物杀虫剂，具有安全、高效、节省劳力资金、无污染的特性，可通过直接感染消灭害虫。

1978年，为了进一步研究以DpCPV防治松毛虫的效果，蒲蛰龙和利翠英、庞义等研究员来到广东省斗门

1978 年，蒲蛰龙（中排左五）在斗门与参与 DpCPV 防治松毛虫试验。

县斗门公社小蠔涌大队，在面积约 133 公顷的松树林里，做利用 DpCPV 防治马尾松毛虫的试验。他们将吊在松树上的死虫捡回来，磨碎后用水稀释，再喷至松树上，防治效果达 92%。实践证明，DpCPV 确实能防治马尾松毛虫的危害，并且至少在 3 年内，施用过 DpCPV 的地方都不再发生松毛虫害。之后，刘清浪等研究员在广东 10 余个县、20 多个试验点以 DpCPV 防治不同世代的马尾松毛虫，防治面积达 2670 公顷，杀虫率达 70% 以上，持续效果达 5—6 年。

在"七五"计划期间,广东茂名林科所利用林间高虫口区大量增殖 DpCPV,取得了很好的效果。蒲蛰龙和叶育昌、庞义、杨承炽、赖涌流、陈其津、利翠英等研究人员共同完成了《马尾松毛虫质型多角体病毒(CPV)研究》论文,刊登在《科学技术成果预告——昆虫病毒研究》上。在国家"八五"计划期间,利用 DpCPV 防治松毛虫这一重要研究成果已在全国大面积推广应用。

进入 20 世纪下半叶,食品安全是关系到民生的突出问题。不少农作物受斜纹夜蛾(俗称"黑头虫")为害,而这一类害虫对化学农药有较高的抗性。要做到少施或不施化学农药,生产绿色食品、有机食品,以生物防治虫害是一项重要举措。

1973 年,蒲蛰龙带领青年教师一起研究斜纹夜蛾幼虫的人工饲料和病虫微生物,通过利用一种人工半合成饲料对斜纹夜蛾幼虫进行人工饲养,以及对斜纹夜蛾核型多角体病毒(简称 SLNPV)的感染研究试验,证明利用 SLNPV 消灭斜纹夜蛾是可行的。蒲蛰龙带领中山大学生物系昆虫病毒研究组撰写了《斜纹夜蛾核多角体病毒病的初步研究》,发表在 1976 年第 3 期《中山大学学报》上。随后,中山大学昆虫学研究所与广州市微生物研究所共同在广州市新滘公社联新大队蔬菜种植区用 SLNPV 防治斜纹夜蛾,取得了明显的防治效果,解

1978年1月，蒲蛰龙（中）在广州市新滘公社联新大队菜地检查SLNPV防治斜纹夜蛾效果。

决了这个普通生物杀虫剂难以解决的问题。

1990年，这一国家"七五"科技攻关项目通过了验收，蒲蛰龙团队圆满完成了任务。"斜纹夜蛾核型多角体病毒杀虫剂中试生产及应用"科研成果还获得1992年度"国家教育委员会科学技术进步奖"二等奖。蒲蛰龙与研究员刘复生、陈其津共同撰写了《昆虫核型多角体病毒及斜纹夜蛾病毒杀虫剂的应用》。

1997年，中山大学昆虫学研究所与企业合作，在广州市中达生物工程有限公司生产斜纹夜蛾病毒制剂，为SLNPV杀虫剂的小试和中试生产研究及工厂化生产提供了保证。当年 7 月 4 日，蒲蛰龙和中山大学原副校长魏聪桂、昆虫学研究所所长庞义、研究员陈其津等，应邀前往广州市中达生物工程有限公司考察和指导斜纹夜蛾病毒制剂大规模生产。蒲蛰龙感慨地说："感谢你们帮助我们做了这项有意义的工作，不然的话，我们的科研项目只能停留在实验室里，成为纸上谈兵。由科研成果转化为工厂生产，应用于实际，这是一条很好的途径，我希望今后朝着这个方向走，使资源得到充分合理的利用。"这充分展现了蒲蛰龙追求科研成果投入生产、生活的理念。经过两年多的试验和推广，1998 年 12 月，广州市中达生物工程有限公司全面推出的生物农药系列产品"虫瘟一号"，被列入广东省重点新产品计划，取得"广东省级重点新产品"证书并通过省级鉴定。

1940 年，蒲蛰龙在云南澄江进行白粉蝶幼虫细菌防治。此后他依旧在细菌、真菌防治害虫领域耕耘不辍。20 世纪 60—70 年代，蒲蛰龙关注到苏云金杆菌治虫问题，并于 1972 年秋在四会大沙采用土法生产杀螟杆菌防治水稻中的稻纵叶螟、稻苞虫等鳞翅目害虫。随后建立大沙微生物厂，大量生产微生物杀虫剂，以利于进行大面积水稻害虫的生物防治。

此后，蒲蛰龙更是夜以继日地从事微生物防治害虫的科学研究。他大量翻阅这方面的文献资料，和青年教师一起对苏云金杆菌、白僵菌、昆虫病毒、昆虫类立克次氏体及昆虫疾病进行理论和实际工作研究。为了弄清昆虫病毒的超微结构，他不顾自己已 70 多岁高龄又患有眼疾，经常长时间地伏案观察。在蒲蛰龙的带领下，昆虫病理学研究工作取得了可喜的进展，研究成果不仅应用于农林业生产，而且还推广到卫生防疫领域。

蚊子是传染乙型脑炎、疟疾、登革热和丝虫病等疾病的主要媒介，对人类的健康危害极大。广东地区由于长期使用单一化学农药灭蚊，致使蚊虫产生抗药性，还污染了环境。从 1979 年开始，在蒲蛰龙领导下的中山大学昆虫学研究所和广州市微生物研究所、海珠区卫生防疫站共同协作，组织人员开展了苏云金杆菌以色列变种菌（简称 Bti）制剂对蚊幼虫毒杀机理和生产工艺的研究试验工作。1980 年初，研究团队在广州、佛山、深圳、东莞等地进行了 Bti 防治致倦库蚊试验，蚊幼虫虫口下降 89% 以上，基本控制了蚊虫孳生地虫口发生数量，证明本项试验具有高效、经济、安全、不污染环境的功效，Bti 完全可以代替化学杀虫剂。

数十年来，蒲蛰龙在昆虫病原微生物的研究与应用方面，取得了一批有应用价值的成果，陆续发表了相关的学术论文。蒲蛰龙撰写的《应用昆虫的病原真菌防治害虫》，阐述了国内外运用昆虫的病原真菌防治害虫的经验，指出了在进一步扩大真菌治虫应用中应当重视的几个方面。1987 年 9 月 6 日，农牧渔业部全国植保总站

1988年，"昆虫病原微生物的研究"获奖。

在广州召开了全国生物防治座谈会，蒲蛰龙在会上作了题为"昆虫病原微生物在防治害虫中的应用"的报告，介绍了他和研究团队进行的昆虫病毒、昆虫病原真菌、昆虫病原细菌及昆虫病原线虫的研究和应用。1987年，蒲蛰龙与王珣章、龙綮新等人的研究成果"昆虫病原微生物的研究"获得"国家自然科学奖"四等奖，次年，该项目获"国家教育委员会科学技术进步奖"二等奖。

1990年初，蒲蛰龙撰写了《80年代我国昆虫病原微生物基础及应用研究的某些成就》，评述了我国20世纪80年代在昆虫病原微生物的基础及应用研究中所取得的成就，是研究这一时期中国科学史的重要文献资料。

第七章 综合防治水稻害虫

不速之客

1972年7月25日,蒲蛰龙家里来了两位风尘仆仆的客人——广东省四会县大沙公社革委会副主任麦宝祥和公社技术员陈云辉。他们怀着崇敬又忐忑的心情,慕名前来向蒲蛰龙教授请教,试图寻求治虫良策。看到蒲蛰龙和夫人利翠英和蔼可亲、毫无架子的模样,他们紧张的心顿时放了下来。麦宝祥迫不及待地向蒲蛰龙诉说登门拜访的缘由。

四会县是广东重要产粮区,大沙公社(现大沙镇)又是县里的主要"粮库",全公社水稻面积6万亩,旱地8000多亩,每年要向国家上缴2500万斤稻谷。然而近十年来,那里大片的水稻在遭受病虫害严重侵扰,当地政府想了很多办法,但情况依然没有好转。最严重的是在1969年,因稻飞虱等害虫猖獗,1100亩水稻受害遭遇"通顶"(即稻穗空壳),颗粒无收。1970—1972年早造,因三化螟等多种害虫而粮食失收,损失惨重。尤其是1972年早造,三化螟、稻飞虱大爆发,大沙公社全力以赴，四会县也非常重视，先后召开除害虫紧急会议、电话会议、现场会议，还在前锋大队集中烧毁了53亩地里遭遇严重虫害的禾苗。在7月份收割前，大沙公社还专门召开了有300多干部群众参加的动员大会，要求大家赶紧喷农药杀虫。虽然施放了75527公斤的化学农药，开支高达74672.73元，但效果并不见好：1972年全公社的早造只收到1938万斤粮食，亩产仅有323斤。

　　长期从事"三农"工作的麦宝祥心里清楚，这几年化学农药越用越多、越用越毒，防治面积越来越大，而害虫却越治越多，为害越来越重。他十分焦急，多次向上级领导反映情况，并想尽办法灭虫。然而，从市、县到公社、大队的各级领导、植保员、农民都对严重的水稻虫灾束手无策。

　　1972年4月，国务院主持召开了"全国农林科技座谈会"，广东省委书记王首道介绍了中山大学蒲蛰龙教授的先进事迹，并说"要治虫，找蒲蛰龙"。麦宝祥看到报纸刊登的消息后，心中颇为激动。为寻找一条防治害虫的新路，他马上向大沙公社书记张志刚报告，并表示要亲自到广州中山大学拜访蒲蛰龙教授，得到了领导的支持。于是，麦宝祥叫上技术员陈云辉，来到中山大学蒲蛰龙家里，恳请蒲教授为大沙公社出谋划策。

　　当蒲蛰龙听到大沙这个产粮区对水稻虫害的防治主

要靠化学农药,每一造水稻均增加了农药的投放量,但是害虫却越来越猖獗时,心里十分焦急。蒲蛰龙告诉他们:化学农药不是万能的。早在19世纪,欧洲已发明化学农药来对付害虫,一些昆虫学家以为从此害虫将要绝迹了,纷纷赶制昆虫标本以存世留念。但是,农药越出越新、越出越毒,结果害虫不仅留存下来了,而且越来越难治。蒲蛰龙特别向他们解释了化学农药未能抑制害虫的主要原因:一是农药可使害虫产生抗药性,如我国试验用"DDT"(一种化学杀虫剂)处理家蝇,结果经过30代,家蝇的抗药性增加了约300倍;二是农药在消灭害虫的同时也大量杀伤了害虫的天敌;三是农药会导致"新虫害"发生,平常不多见的昆虫也可成害。长期大量施用化学农药,不仅妨碍了农林禽畜牧业的发展,而且还造成了食物和环境污染,生态遭到严重破坏。这样下去肯定是不行的。

　　蒲蛰龙和客人从下午三点谈到五点多,还意犹未尽。不知不觉到了晚饭时间,蒲蛰龙特请两位客人留在家里吃饭。原来,在他们兴致勃勃地聊天时,利翠英已请保姆拿出蘑菇、菠萝和鲮鱼罐头来,做好饭菜。蒲蛰龙一边吃饭一边向他们介绍其他国家防治农林植物害虫的做法,还特别感谢客人把四会农村的实情告诉他,并当即表示要亲自去一趟四会大沙,实地察看农田具体情况,一起研究对策。听着蒲蛰龙细致的讲述,两位长期从事

"三农"工作的同志大开眼界,温馨和谐的晚餐也让他们心中感动万分。晚饭后,蒲蛰龙夫妇还坚持下楼送客人离开蒲宅。

前往大沙　深入调研

蒲蛰龙敏锐地意识到四会虫害问题的严重性。我国是世界上最大、最古老的水稻生产和消费国,农业乃立国之本,更是国民经济的基础。他深觉有责任要为农村基层解决困难。然而,怎样才能做到既能防治害虫,又保护环境呢?在国际上尚未有成功解决这一难题的先例。西方国家没有解决的问题,我们敢不敢做?能不能搞好?蒲蛰龙心里没底。

中山大学昆虫研究室的同事也在为蒲蛰龙担心。毕竟蒲蛰龙已过花甲之年,是国际知名昆虫学家,在昆虫分类方面,他是世界权威,倘若四会虫害的问题搞不好,会影响蒲老的"一世英名"。然而,蒲蛰龙从来都视浮名如云烟,他只想着改善农民生活,为"三农"事业做点实事,因此他毫不犹豫地作出决定:要亲自去看看,一定要攻克这一难题!

听说蒲蛰龙要来四会大沙察看水稻害虫情况,麦宝祥的心里既兴奋又忐忑,甚至有点焦虑:大教授来大沙农村,没有汽车去接送;大沙公社的办公场所是一座旧祠堂改造的老房子,低矮破旧,用来接待大教授太寒碜。

在那个艰苦年代，麦宝祥只好请大沙公社农机厂派出大货车前往中山大学接蒲蛰龙。

　　1972年8月13日，蒲蛰龙在古德祥的陪同下，从中山大学前来四会大沙公社开展水稻害虫调查研究工作。20世纪70年代初的交通极不便利，从广州到四会大沙的路况十分糟糕，公路长期失修，沙尘滚滚，狭窄的车道大多是坑坑洼洼、凹凸不平。大货车载着蒲蛰龙和古德祥，一路颠簸到四会大沙，在马房渡口（四会与三水连接的三江交汇处）下车，排队等摆渡过河，待蒲蛰龙到达大沙时已接近中午一点了。麦宝祥热情地接待了蒲蛰龙和古德祥，午餐后本应稍事休息，但心急如焚的蒲蛰龙要求先到农田查看情况。时值盛夏，骄阳似火，铺满沙子的马路上热气腾腾。公社里没有汽车，干部们下乡都是骑自行车去的，麦宝祥陪同蒲蛰龙顶着烈日一起骑车前往安二大队马村生产队的农田。在安二大队的田基边，他们看到的是一望无际、已收割了早造水稻的农田，田野上还留有一块块水墨画般不规则的火烧痕迹。那是农民收割后留下几寸高的禾秆，烧来沤肥，备晚造肥田用的。听着麦宝祥介绍大沙水稻早造因虫害而严重失收的情况，看着满目疮痍的农田，蒲蛰龙的心里五味杂陈。这肥沃的土地本应该是鱼米之乡啊！傍晚，他们回到公社驻地，劳碌了一天，众人身上的衣服都被汗水湿透了。蒲蛰龙脱去灰色短袖上衣，穿着还留有汗迹的白背心,毫无拘束地和大家在公社食堂用餐。

14日上午,在大沙公社简陋的会议室里,召开了欢迎中山大学蒲蛰龙教授和古德祥老师到大沙指导工作的大会。公社书记张志刚、副书记麦宝祥和34位技术员参加了会议。在麦宝祥向大家介绍了著名昆虫学家蒲蛰龙和古德祥后,蒲蛰龙发表了讲话。他的发言其实就是一堂生动有趣的科普课。他讲到,60年代以来我国防治害虫的措施,很大程度上是依赖化学杀虫农药,虽然也收到了一定的效果,但由于不少地方用药种类不当、使用过量或使用时间不当等问题,结果农药越用越多,但虫害并没有因此减少或消失。广东珠江三角洲一带,10年来农药用量已增加10余倍,甚至连剧毒农药也用上了,就像大沙公社当时使用的"1059""1605"(农药代号)已经够毒了,但结果呢?害虫不仅留存下来,还泛滥成灾。可见,单一使用化学农药,不仅消灭不了害虫,还会造成严重后果。针对大沙水稻害虫防治问题,蒲蛰龙提出几点意见:一是要科学对待农林植物害虫,化学农药不是万能的。他列举了一些国内外以农药灭虫的典型事例加以说明。二是从保护生态环境角度讲了防治害虫不是要灭绝害虫,而是要有目的地控制害虫种群不致对农作物造成危害。三是各种防治手段都有优缺点和局限性,没有一种措施是万能的,只有综合防治、相互协调,才能较好地控制虫害。四是我们不排斥使用化学农药治虫，但要用得恰当，如能结合害虫天敌去防治，不仅事半功倍，还能减少环境的污染。"

这是蒲蛰龙第一次踏足大沙，也是第一次给大沙的公社干部、技术员讲课，他希望饱受害虫困扰的地方干部，能把生物防治理念听进去。蒲蛰龙提出的"生物防治""综合防治"这一防治水稻病虫害的理念，在当时的中国还是一个新名词，综合防治在国际上也没有先例。但大家都非常信赖蒲教授，都希望在他的指导下尽快在大沙进行试验。

大沙公社专门召开领导班子会议，研究蒲蛰龙提出的害虫防治方案。与会人员中支持者与反对者各占一半。反对者认为，在国内不喷农药的害虫防治还没有成功的先例，大沙公社肩负着广东粮食生产重任，万一试验失败了，粮食没有或不够上交，怎么办？而以麦宝祥为代表的支持者表示，他们对付水稻害虫用尽了办法，但始终解决不了虫害问题，应当相信科学，相信蒲教授！麦宝祥当即在会上表示可在他蹲点负责的安二大队水稻田做害虫综合防治的试验。

蒲蛰龙从四会回到中山大学后，分别跟中大生物系党总支书记魏聪桂和学校主要领导李嘉人汇报此事，得到他们的大力支持。1972年8月到年底，蒲蛰龙在古德祥、陈晓雯、庞义等老师的陪同下，多次前往四会大沙公社，深入水稻田间，为"综合防治"的试验方案做前期调查。

　　在蒲蛰龙的指导下，麦宝祥和科技人员首先研究了用"土法"生产杀螟杆菌生物农药，并在大沙公社的水稻田里试验，取得了较好效果。11月2—5日，蒲蛰龙和中大生物系师生冒着台风雨来到四会大沙，希望通过田野考察，摸清此地害虫与天敌的"底子"，做好害虫生物防治的基础性工作。3日，他们做了整天的考察。4日上午，在蒲蛰龙的坚持下，由麦宝祥陪同，大家骑单车到安二大队的马村、高路围、大军田、白坭塘等地农田查看水稻害虫情况。下午时分，天空突然刮起大风、下起大雨，宽阔的农田上避无可避，大家的衣服全被淋湿了。直到傍晚回到安二大队部吃饭时，蒲蛰龙才脱下外衣裤，穿着短裤和大家一起烤火烘干。安二大队党支部书记赵汝强专门到鱼塘里抓了一条鱼来慰劳蒲蛰龙，他心疼地说："蒲教授到我们这里来，比起您在学校搞研究辛苦多了，来到这个乡下地方，不仅要日晒雨淋，还要提防蛇虫鼠蚁等诸多的不方便，真不容易啊！"蒲蛰龙一边吃饭，一边乐呵呵地笑道："这是我们应该做的，这里烹调鱼的味道特别鲜美，真是名副其实的鱼米之乡啊！"蒲蛰龙此刻的心情是愉快的，虽然受点苦，但能在这里开辟一条为"三农"服务的新路子，是他一直以来的心愿。

亲自挂帅 开展"综防"

1973年春,蒲蛰龙带领中山大学生物系部分师生来到四会县大沙公社,正式"安营扎寨"。他亲自挂帅,在大沙建立了"水稻害虫综合防治示范点",开展以发挥天敌效能为主的防治三化螟、稻纵卷叶螟、稻飞虱、粘虫等水稻主要害虫的综合防治系统研究。

在综合防治中,蒲蛰龙强调的第一点是保护益虫至关重要。他是在大沙公社安二大队马村生产队一块面积为24.17亩的早造水稻田开始害虫防治试验的,这片水稻田因虫害严重而被称为"虫窝"。在综合防治的第一阶段,针对大沙农田过去大量使用化学农药导致田间天敌种群凋落、失去对害虫的控制作用等问题,蒲蛰龙指

1973年,蒲蛰龙(前排右三)在大沙田间考察。

导大家首先要保护好害虫天敌,发挥其对害虫的控制作用,同时在低洼地开沟挖渠,降低水位,提高农田排灌能力,恶化害虫生存环境。

蒲蛰龙非常重视田野调查,他常常为了摸清农田生物生态情况,亲自到田野去考察。1973年11月3日,蒲蛰龙听麦宝祥说安二大队的外洲有近2000亩一年只种一造的稻田,产量较高而病害虫较少。他非常高兴,马上就叫麦宝祥带他和古德祥去看。众人骑车到了远离村庄、在绥江河边上的外洲,果然,在这片稻田里发现很多益虫,如隐翅虫、稻红瓢虫、步行虫等,寄生性益虫也有。稻田里还有很多蜘蛛,蒲蛰龙激动地边看边分析,说蜘蛛多的原因有两个:一是这里草多,保留了田基草,杂草保护了蜘蛛的生长、繁殖;二是这里的群众少用化学农药,因而蜘蛛爬走快。他告诉大家,要尽可能地保护好益虫,驱逐害虫就靠它们了。

1974年12月1—3日,蒲蛰龙和古德祥再次来到大沙公社,向公社干部和科技人员传达11月中下旬在广东韶关召开的全国农作物主要病虫害综合防治讨论会的会议精神。这次来大沙,蒲蛰龙提出了禁止捕捉青蛙、养除虫鸭、建立微生物厂和寄生蜂站、做好宣传教育、建立培训技术队伍等要求。在大沙期间,蒲蛰龙还前往前锋大队看了禾田、鱼塘、养鸭场、养牛场和大南山水库。大南山水库是当年全公社干部群众日夜不停,苦战五天,

1973年，蒲蛰龙（中）在大沙田间。

用推土机、水枪、肩膀，硬生生合拢起来的。看着水库周围的森林郁郁葱葱，湖水清碧如镜，蒲蛰龙大口呼吸着新鲜空气，连连夸赞这里的自然生态保护得好，益虫很多，要另找时间带学生来这里收集昆虫标本。

得知蒲蛰龙特别重视保护益虫，1975年3月8日，四会县委副书记梁继成专门请蒲蛰龙到他蹲点的富溪大队指导工作。在田间，梁书记告诉蒲蛰龙："我听他（麦宝祥）讲，田基草保护了大量益虫，这回我没搞'四边光'

了。"确实,农田四周的田基草长势浓密,蒲蛰龙的"指示"不仅技术员、农民听进去了,领导干部也成为忠实的执行者。在田间,蒲蛰龙再次为现场同志讲了利用自然条件保护益虫的道理。他说:"据我们调查,大沙稻田有捕食性天敌 50 多种,仅蜘蛛就有 35 种。寄生性天敌也近 50 种,其中稻纵卷叶螟的寄生性天敌有 19 种。每年晚稻收割后,大量捕食性天敌的优势种,如蜘蛛、步行虫、稻红瓢虫等转移到冬作物、河边杂草及荒草地活动、过冬;春耕插秧后,它们又大量转入稻田繁殖和捕食害虫。我们在安二大队调查时发现,插秧后每亩农田有天敌 11700 只,最多的田块达 24000 只。这对于防治害虫和生态环境保护都是非常重要的。"这堂生动的生物防治课,在干部群众心中留下了深刻印记——保护益虫就是生物防治害虫最好的办法。

生物防治不仅依靠保护益虫,还需结合以菌治虫的方法。早在 1972 年秋来到大沙指导工作时,蒲蛰龙就已建议要建立微生物厂和赤眼蜂繁殖站。然而,对于什么是"以菌治虫",大多数干部、群众都不了解。蒲蛰龙多次在全公社三级干部会议和科技人员会议上深入浅出地介绍有关的生物防治知识和国内外的研究动向,讲清楚"以菌治虫"就是人工繁殖某种病菌并施放到稻田里,使害虫感染而死的一种治虫方法。蒲蛰龙建议通过微生物工厂化生产各种产品来防治害虫。

1973年,蒲蛰龙与大沙干部技术员研究以菌治虫。

蒲蛰龙查阅了很多文献资料,思考、研究利用微生物防治害虫方法,并指导青年教师及公社技术员解决杀螟杆菌的分类、减少生产过程中的污染、提高微生物除虫效果等。他指导研究员用生物来测定菌制剂的毒力、检验菌杀虫能力,并特别强调一定要保证产品的质量,保证毒力效果,认真把好每一道关。

1973年5月的一个上午,蒲蛰龙和古德祥在安二大队马村的水稻田里进行"以菌治虫"试验。科技人员将白色的杀螟杆菌喷洒在禾苗上,引起社员的围观询问。古德祥趁机在现场跟大家讲了一堂"以菌治虫"生物课。

两天后，马村的社员又来到农田里，发现很多卷叶虫真的死了，他们都很高兴："这样的防治方法真好！"

1973年，蒲蛰龙在每亩约有50万头稻飞虱的稻田里进行以菌治虫试验后，发现虫口密度不断降低，直到收割时都未发现稻飞虱为害。这次试验是在往年虫害最严重的农田里进行的，过去的"虫窝"居然可以不用农药了，并且收效显著，大家都非常高兴。

有了试验成功的先例，大伙儿都非常信任蒲蛰龙，接着晚造又在马村生产队300亩水稻田里展开试验。水稻成熟时，只见稻秆粗壮，谷粒饱满，一串串结实的稻穗在阳光的照射下金光灿灿，稻香味扑面而来。晚造收割后，安二大队党支部书记赵汝强告诉蒲蛰龙："平均亩产比1972年同期增产约30%，农药开支下降一半多，初步达到增产增收的目的。"这个好消息令蒲蛰龙和中山大学生物系的老师们倍感振奋。

当然，在开展以菌治虫的过程中，也不是一帆风顺的。就拿创办大沙公社微生物厂来说，为了建造微生物厂，蒲蛰龙直接找到公社负责人，劝说只有工厂化、大规模地按要求生产出大量的微生物杀虫菌剂，才能满足大田防治害虫的需要。1972年冬，大沙公社划出贺岗这个杂草丛生的山坡，作为筹建微生物厂的地方。在建厂初期，工作人员只有1个技术干部和7个下乡的知识青年，很多具体的工作包括伐木建厂，都是蒲蛰龙带领古德祥、陈晓雯、庞义等老师和工人们一起动手做的。随后，蒲蛰龙派庞义和陈云辉前往武汉微生物厂参观，学习办厂经验、绘图设计、试验仪器制作等。为了跟工人讲清楚如何搭建厂房、安置各种设备，蒲蛰龙亲自讲解做示范，事无巨细，每个细节都过问把关。

在蒲蛰龙指导下，1974年，在大沙贺岗终于建起了一座面积为800平方米，有0.4吨小锅炉、两个1.5吨发酵罐及一批仪器设备的大沙公社微生物厂，里面还有供气机、微生物化验室和无菌室，实验室里摆满了恒温器、显微镜及化验用品等物品。当年的5月，工厂就可以大批量生产杀螟杆菌供给本公社使用了。接着又扩大固体发酵法生产杀螟杆菌，用工厂生产的菌粉作为菌种，经发酵可以扩大50倍至100倍。微生物厂将工业化生产的苏云金杆菌和土法生产的苏云金杆菌相结合，用于防治稻田中的鳞翅目害虫，菌粉每克所含菌数在30亿以上，防治稻纵卷叶螟的效果可达78%，而每亩的防治成本仅约人民币0.2元。

大沙微生物厂从建厂到生产出杀螟杆菌、白僵菌、井岗霉素和紫云英根瘤菌等，基本做到机械化生产，能够日产250公斤质量好、含菌量高的菌种，可供大沙公社6万亩农田使用。这个以菌代药、减少环境污染、保护天敌和促进禽畜牧饲养业发展的微生物厂，为大沙生物防治害虫作出了巨大的贡献。在大沙微生物厂，蒲蛰

1974年，蒲蛰龙参与四会大沙微生物厂建设。

龙经常结合生产实际，用通俗易懂的语言为技术员和操作工人讲解生产过程中的技术性问题。在这段时间的理论与实践的培训中，微生物厂的 10 多名工人技术员掌握了一套农业科学技术知识，成为微生物厂的技术骨干。大沙微生物厂从建厂到生产、防治害虫成功，跟蒲蛰龙的指导、帮助是分不开的。

麦宝祥记录蒲蛰龙在大沙的日记里，有这么一件事："1974 年 3 月 29—31 日，蒲教授和古德祥、陈晓雯、庞义等老师以及肇庆地区科技局郭常局长、夏荣生等同志已连续几天蹲在厂里为解决土法生产杀螟杆菌（苏云金杆菌）污染问题，以及培训工人一直从早到晚忙碌了三天。我从县里开完会吃过晚饭后直奔厂里去，只见里面沉静，个个聚精会神、非常严肃认真地静听蒲教授讲话。后来才得知老师们经过两天检查发现，我们厂科技人员及工人，由于没有严格执行土法生产工艺流程，导致灭菌室污染严重，接种消毒不严格，镜检不认真等，蒲教授很生气，召集大家讨论，指出经过检查产品不符合要求的原因，批评工作上不严谨而带来的危害。平时这位平易近人、谦逊可亲的老人，今天生气是为了追求科技真理，使我们学到真正本领而严格工作，这样做才会严师出高徒。晚上十一时多了，我劝蒲教授返回公社休息，他说他这两天都要住在厂里，说完便径自走进职工林中茂让出来的又小又矮的小房休息。"这件"小事"展现了蒲蛰龙从事科学研究工作是如此认真细致，大家眼里的"好好先生"在科学面前，眼里容不得半点沙子！

在大沙，蒲蛰龙还采取了养鸭除虫防治水稻害虫的办法。养鸭除虫在我国古代农业生产中已有出现。《皇明经世文编》记载珠江三角洲农民利用家鸭防治稻田蟛蜞，"香山、顺德、番禺、南海、新会、东莞之境，皆产一虫，曰蟛蜞，能食谷之芽，大为农害，惟鸭能啖食焉。故天下之鸭，惟广南为盛，以有蟛蜞能食鸭也。（鸭）能啖蟛蜞，不能为农害也"。陈经纶于1597年写下的《治蝗笔记》，记录用家鸭防治稻田蝗蝻的经验。陆世仪的《除蝗记》以及汪志伊、顾彦等的除蝗著作中都提到家鸭治蝗经验。

蒲蛰龙了解到,当地农民一直以来都有养鸭的传统,只是近年来因各种原因少养了。鸭子不仅能除蝗虫,而且还能捕食稻田中的飞虱、叶蝉、稻蟓、粘虫等多种害虫,为此他多次到村里虚心请教一些有养鸭经验的老农,并两次到中山沙田地区学习养鸭除虫的经验。蒲蛰龙还指导青年教师和公社农科站同志有计划地分期、分批放鸭,测试鸭子除虫效果。他多次向大沙公社领导说明养鸭的好处。从1973年晚造开始,大沙公社大力支持发展集体养鸭,收到了"养鸭除虫,以副促农"的良好效果。1974年继续试验,养了3.4万只除虫鸭,数量比搞综合防治前增加了30倍。

养鸭除虫与田间散放赤眼蜂试验等工作配合进行,构成了综合防治体系。1974年,安二大队获得了粮食生产历史最高产量,第一次亩产突破千斤大关。大沙公社抓住这个典型,多次在安二大队召开"看得见、摸得着""听一遍不如看一遍"的现场教育会议,专门请蒲蛰龙在全公社的干部和科技人员大会上作"养鸭除虫"的学术报告。

蒲蛰龙介绍道,鸭是害虫的一个大天敌,它是杂食性的动物,既食虫,又吃草,还可以松土;它不仅能吃掉部分水稻害虫的幼虫和成虫,还可以吃掉当前还不能应用微生物和天敌对付的稻蝗、飞虱等害虫。蒲蛰龙说道,大沙曾经有养鸭子除虫的经验,但后来因施用化学农药多了,田野受污染,影响到鸭子的生长,这几年来集体养鸭就不断减少。到 1973 年,有的生产队已经无鸭可养,结果就是稻飞虱等害虫猖獗,造成严重危害。因此,搞综合防治,就要少用化学农药,尽量利用田野生态系统,充分发挥这些天敌歼灭害虫的积极作用,以确保大面积水稻正常生长。当大家纷纷称赞蒲教授理论

1974年,古德祥(前排右二)在大沙田间解剖鸭子检查除虫的效果。

新、讲得好时，蒲蛰龙却说："这不是我的发明，是广大农民群众在长期的生产实践中总结出来的经验。比方说，我以前到中山县，就看到那里的社员有养鸭除虫的好经验，你们这里也有好经验，大队、公社把它集中起来，就好办了。"

1975年大沙公社推广了安二大队养鸭除虫的经验，早造开始全公社养鸭22万头，平均每个生产队1000头，晚造从小暑开始养鸭8万头，全年养鸭30万头。

就在养鸭除虫取得好成绩的时候，不少生产队的鸭群突然病的病，死的死。大沙公社兽医站和四会县、肇庆专区的兽医来过多次，仍未能解决问题。此事让大家寝食难安，也把蒲蛰龙急坏了，他赶紧出面请华南农学院有关专家前来帮忙。1975年5月6日，华南农学院畜牧兽医系的邝荣禄、丘振芳，研究微生物的欧守抒，家禽饲养的钟家齐等老师受蒲蛰龙之请，一同前来大沙研究鸭子生病问题。经过实地观察、解剖病鸭，他们认为主要是饲养管理上出了问题，建议分小鸭群放养、加足饲料，并切实做好预防、隔离，严格按规定管理鸭群。农田环境污染的减少，结合养鸭除虫措施，大沙的禽畜饲养业也得到了较大幅度的发展。

蒲蛰龙领导下的中山大学研究团队在大沙进行水稻害虫综合防治工作时，各级领导都很重视、关心。肇庆地委书记许士杰、分管农业的副书记关立及四会县委副书记梁继成等领导多次到大沙来看望蒲蛰龙,并虚心请教。广东省科技厅、广东省农业厅、中山大学、华南农学院等单位也给予了资金、科研技术等方面的支持。

自 1972 年 8 月蒲蛰龙首次到大沙公社考察水稻病虫害情况,1973 年初正式率领中山大学生物系部分师生前来大沙开展水稻害虫的综合防治试验,蒲蛰龙在大沙的综合防治研究工作直到 1997 年他生命的最后时刻才终止。25 个春秋,他的足迹遍布了大沙的田野。

在麦宝祥的工作日记中,仅是 1973—1975 的 3 年里,就有 34 篇记录了蒲蛰龙来大沙开展科研工作的事迹。日记中的蒲蛰龙和蔼可亲、平易近人,而对待工作和科学实验,他却非常严谨认真,不允许有丝毫马虎应付。

古德祥记得,当年到大沙,最难受的就是被蚊子咬。第一次去大沙的时候,没有招待所,他们就住在公社办公室腾出来的窄小潮湿的房子里。周围杂草丛生,天气酷热,蚊子扰人,根本没办法安睡。大沙公社所在地是由河滩边上的旧祠堂改造的,整个办公地方也只有一个简陋的公用洗手间和冲凉房,对于老教授来说,实在是委屈了。稍不留意,老鼠就在脚边蹿过,偶尔还有蛇出没。如此艰苦的环境,蒲蛰龙和古德祥、庞义等老师都安之若素,从无怨言。

在大沙的调查研究及田间劳动,蒲蛰龙几乎都是和大家一起骑自行车前往的。旧式自行车的座椅较高,不容易控制，对年纪大、个子不高的蒲蛰龙来说，实在太难为他了。大沙的春夏季雷雨特别多，不时就有人被雷电击倒。蒲蛰龙等人多次在骑车外出考察的路上或坐船过河时遭遇刮风下雨和雷电闪击，把陪同的麦宝祥吓坏了。但蒲蛰龙从不在意，有时候还风趣地开玩笑以缓和气氛。1979年7月16日上午，麦宝祥陪同蒲蛰龙前往隆伏大队白坭塘调研，路上天气突变，乌云铺天盖地而来，接着电闪雷鸣，下起暴雨，麦宝祥赶紧带着蒲蛰龙躲进抽水站避雨。这个刚建成不久的抽水站，门窗还未安装好，阵阵狂风暴雨吹进来，他们只好躲在抽水机电板一角藏着，静听外面风雨雷声。蒲蛰龙乐观地对麦宝祥说："搞农业受自然因素制约，苗黄了变'三类禾'要减产，黑了又惹病虫，我们搞防治虫害，一定要充分利用自然因素，选用抗病虫品种，搞好保健栽培，恶化病虫生活条件，迫不得已才用人工、化学农药去调治，因为生物在自然界总有个规律，往往人为打破一方却引起许多方面的变化和连锁反应……"蒲蛰龙对狂风骤雨视若等闲，滔滔不绝地跟麦宝祥这个"农佬"上了生物与生态环境协调发展的生动一课。蒲蛰龙渊博的知识、风趣的语言，令麦宝祥既敬佩又难忘。

在大沙农田里，蒲蛰龙经常和农民一样，赤脚走进水田里指导除虫或观察试验情况，脚上常被蚊虫咬伤或被利器割伤。他不当一回事，依然专注于科研。衣裤划破了，他随身带着针线包自己缝补。蒲蛰龙到大沙公社的次数，大家都没认真记录；蒲蛰龙为肇庆地区各级干部、科技人员和农民讲课的次数，也没人记得清楚。但是蒲教授的大名在肇庆，尤其是在大沙，无疑是响当当的。大沙公社的十几个大队及各生产队的田野上，甚至不少干部和社员的家里，都留下了蒲蛰龙的足迹。在大沙公社开展生物防治的每一个试验与实践中，也都留下了他辛劳的汗水，最终探索出一套科学的以发挥害虫天敌效能为主的害虫综合防治经验来。

"九月的南粤大地，稻浪滚滚，碧波万顷。在四会县大沙公社的田野上，一位头发花白的老人，正在同社员们一起聚精会神地研究水稻虫害综合防治的情况。只见他一会儿弯下腰翻看稻子的叶背，一会儿拿起害虫的遗骸仔细察看。这位老人，就是我国著名的昆虫学专家、中山大学生物系教授蒲蛰龙。"1975年第11期的《人民教育》杂志，以"老教授的青春——记中山大学生物系教授蒲蛰龙"为题，详细报道了蒲蛰龙在大沙综合防治水稻害虫的先进事迹。这是对蒲蛰龙深入大沙开展综合防治、以科学服务"三农"的关注与肯定。

世界目光　汇聚大沙

蒲蛰龙连续多年率领研究团队在四会大沙开展的大面积水稻害虫综合防治取得了巨大成功，引起了国内外同行的关注和重视。

1975年8月，麦宝祥接到通知，美国科学院组织的害虫防治考察团将于本月27日到大沙公社考察。这是四会当地第一次有西方国家代表团来访，大家都紧张地准备着接待工作。

8月27日上午，以戈登·盖尔（Gordon E. Guyer）为团长的美国害虫防治考察团一行12位成员，在蒲蛰龙的陪同下前来大沙考察。戈登·盖尔是昆虫学教授，当时任密歇根州立大学农业和自然资源学院副院长。考察团先到会议室参观图表展览，由麦宝祥介绍大沙综合防治水稻害虫情况。同行的翻译对病虫名词、化学农药名称、防治方法等多次翻译得不准确，蒲蛰龙后来干脆自己做翻译并补充说明。考察团一行还参观了安二大队马村生产队的示范田。在农田里，考察团成员有的忙于收集昆虫标本，有的用摄像机拍摄鸭子吃虫和田间试验说明牌，有的用录音机收录鸭子声音。戈登·盖尔在田头兴奋地对蒲蛰龙说："你们在治虫上做了大量的工作，给我们很大的启发。"他指着一群除虫鸭子说，"这些好家伙。"临别时，他还拉住蒲蛰龙和麦宝祥一起在田里拍照合影。

美国害虫防治考察团代表们对大沙的综合防治进行了全面考察，给予了高度评价。1977年，美国农业部国际合作与发展办公室编写出版了《中国害虫生物防治》，正是美国考察团在大沙考察后编写的。书中对四会大沙的水稻综合防治进行了详细的描述。

1977年9月1日，以瑞希波斯（Reshipos）为团长的英国皇家学会生物防治考察团一行7人在蒲蛰龙的陪同下，前来四会大沙参观考察。就像接待美国代表团那样，先由麦宝祥对综合防治成果作介绍，再前往安二大队马村生产队示范田和公社微生物厂参观考察。

英国科学家们来到田间，脱下鞋袜，赤脚下田，搜集标本，观察虫害情况，一边拍照，一边数数，计算具体数字。在参观养鸭除虫现场时，考察团成员中一位博士高兴地对蒲蛰龙说："今天的内容是我最感兴趣的，来华前，已久闻其名，这次能亲自来到这里，感到非常荣幸。"众人还前往公社微生物厂，参观了生产杀螟杆菌整个流程并详细了解生产使用方法、效果。团长瑞希波斯说："参观你们的生物防治，是吸取你们生物防治工作经验的好机会，你们的研究工作给我们留下了深刻的印象。"

联合国粮农组织参考美国代表团出版的《中国害虫生物防治》一书，于1979年编印出版了《水稻综合防治指导》，书中指出："我们对中国所处的综合防治水稻虫害的发展水平，特别是利用耕作、生物、物理和化学方法范围之广，留有深刻的印象。中国运用生物和耕作的方式，为贯彻综合防治有困难的其他国家，特别是遇到类似困难的发展中国家来说，确是作出了榜样。"书中称中国水稻害虫综合防治是"模范的水稻综合治虫的计划"，这是对蒲蛰龙和大沙公社综合防治工作的充分肯定。

1985年6月16—22日，联合国粮农组织、联合国环境规划署和中华人民共和国环保局在广州珠岛宾馆举办了为发展中国家农业害虫生物防治国际专家咨询会。会议主要是交流害虫生物防治研究的科研成果，特邀请中山大学蒲蛰龙和利翠英、周昌清出席会议。蒲蛰龙在会上作了题为"中国生物防治概况"的学术报告，再次得到联合国粮农组织和国内外专家的高度评价。会议提出要撰写一部促进发展中国家农业害虫生物防治的指南，并推举蒲蛰龙为主编。指南将作为联合国粮农组织的正式文件，发给世界各国尤其是发展中国家，以指导农业害虫生物防治。

"综防"成果影响深远

蒲蛰龙的综合防治试验是从1973年初的24亩水稻田开始的，在前期试验取得成功的基础上，1975年在全公社6万亩稻田全面开展综合防治。

在指导四会县大沙公社开展水稻害虫综合防治的第一个阶段（1973—1978年），蒲蛰龙带领研究团队主要采取的防治手段：一是大搞农田基本建设，改变害虫孳生的环境；二是以农业技术治虫，早造提早浸春，放养红萍，晚造备耕，边割边犁，赶在惊蛰前犁耙沤田，选用抗病虫品种，消灭或减少害虫；三是运用生物防治技术，如养鸭除虫、以菌治虫、育蜂治虫等，基本防治了虫害；四是协调使用化学农药，必要时要合理地、局部地使用化学杀虫药，以迅速歼灭害虫；五是保护害虫自然天敌如青蛙等，以消灭害虫。大沙公社用综合防治方法治理水稻害虫后，化学农药总用量较前减少了84.9%，禽畜业也得到了较大的发展。第一阶段综合防治后，公社全年粮食总产量比历史最高水平多167万斤，上交国家的公粮也是超历史纪录。

在综合防治的第二阶段（1979—1983年），由于天敌种群已基本恢复，害虫减少了，蒲蛰龙将着眼点转到维持和发展天敌的田间优势上，思路是从稻田生态系统入手，以农业防治为基础，贯彻生物防治各项措施，协调使用化学农药，发挥天敌对害虫的控制作用。由此，大沙的水稻主要害虫发生量明显下降，解决了水稻生产中的主要病虫害问题，保全了稻谷丰产；化学农药用量继续减少了49%—82%，节省了农药开支，取得了显著的经济效益；改变了以治病虫为中心的农事操作，节省了施药用工，让农户轻松种田；天敌种类和数量增加，农药残留逐年下降，农田生态环境向良性方向发展，具有显著的生态效益。大沙的水稻单位面积产量逐年提高，

1983年跃居全县首位。

在蒲蛰龙领导的中山大学生物系研究团队帮助下，大沙公社的农科技术队伍也发展壮大，从1972年18人，到1977年达1700多人。蒲蛰龙为"三农"服务的无私奉献精神，令大沙的干部群众深为感动，当地领导干部、技术员和社员笑称蒲蛰龙为"蒲治虫"。

蒲蛰龙在大沙开展综合防治水稻害虫取得的成果，不少媒体进行了报道。1975年11月19日《广州日报》头版头条刊登了《让昆虫学更好地为农业生产服务——记中山大学蒲蛰龙教授的事迹》，重点写蒲蛰龙在四会大沙开展综合防治水稻害虫的事迹，"为了搞好水稻综合防治试验，蒲蛰龙花了不少心血。几年来，他经常同师生一起，不怕日晒雨淋，深入田头地脚；他经常到贫下中农中去，学习和总结他们的经验"。1977年11月22日《人民日报》的第三版，刊登了《让昆虫为农业现代化服务——记中山大学生物系教授、昆虫学家蒲蛰龙》，高度赞扬蒲蛰龙理论联系实际、把昆虫学专长献给祖国农业事业的不懈奋斗精神。

蒲蛰龙在大沙公社成功进行综合防治的成果不仅惠及四会的农业生产，还以讨论、座谈和发表文章的方法将经验分享出去，期望有助于其他地区解决农作物病虫害问题。1974年11月15—22日，在韶关召开的全国农作物主要病虫害综合防治讨论会上，蒲蛰龙报告了他在四会大沙开展的水稻害虫综合防治工作及研究成果。1975年，我国正式提出了"预防为主，综合防治"的植保工作方针，而此时的大沙水稻害虫防治试验、示范面积已达6万亩，是我国当时面积最大的水稻害虫生物防治、综合防治示范点。

蒲蛰龙善于以理论结合实际总结经验，他不仅自己写学术文章，还要求大家多写文章。在第一年的综合防治结束时，蒲蛰龙就研究成果撰写了《提倡以发挥害虫天敌效能为主的害虫综合防治》，为广东省乃至全国农业生产生物防治病虫害指明了方向。他与研究团队以四会县大沙公社、四会县科技局、中山大学生物学系昆虫学专业的名义共同撰写了《大沙公社水稻害虫综合防治（一九七三——一九七五年小结）》，随后还发表了《水稻害虫综合防治大有可为》文章。由蒲蛰龙主编的《害虫生物防治的原理和方法》中还收录了"广东省四会县大沙公社水稻害虫综合防治经验"。

蒲蛰龙在四会大沙开展水稻综合防治害虫获得成功的消息远播各地，全国各地农业工作者纷纷前来大沙参观学习。为此，蒲蛰龙建议大沙做一个展览图表，对大沙综合防治的做法加以说明。他还亲自担任讲解员，多次为前来参观学习的各地干部、科技人员讲解。1977年11月11日，江西省瑞金的同志来到大沙参观，蒲蛰龙知道后对身边的工作人员说："他们来自革命老区，千

1978年，蒲蛰龙为学员讲授害虫生物防治课。

里慕名而来，肯定要有点东西带回去的。"他不顾年迈，执意要亲自向来宾讲解，老区的同志们都非常感动。

广东省科委和国家有关部门，多次对大沙水稻害虫综合防治成果进行评议、推广。1983年10月16—18日，水稻害虫综合防治研究阶段成果评议会在四会大沙召开，蒲蛰龙出席了会议并讲话。专家们一致认为大沙公社综合防治的经验是成熟的、成功的，并建议加以推广。1984年6月23日，广东省科委在四会县举行了水稻害虫综合防治鉴定会，蒲蛰龙在大沙的科研成果通过了技术鉴定。与此同时，蒲蛰龙多次出席国家有关部门举办的"水稻害虫综合防治经验交流会"，并在会上介

1983年10月16日,蒲蛰龙出席大沙水稻害虫综合防治研究阶段成果评议会。

绍推广大沙经验。

大沙水稻害虫综合防治研究成为广东省重点科研项目,也获得了诸多国家级、省级大奖。蒲蛰龙与古德祥、周汉辉、汤鉴球、张润杰、张宣达撰写的《大沙区水稻害虫综合防治研究》发表在《中国农业科技》上,获得"广东省科协优秀论文"一等奖。1978年3月,蒲蛰龙的"害虫生物防治研究"获得了全国科学大会成果奖。1985年"以生物防治为主的水稻害虫综合防治"研究获"国家科学技术进步奖"三等奖,同时被国家科委列为"八五"时期重点推广计划。1991年12月,大沙水稻害虫综合防治被列入"国家科技成果重点推广计划"。1993年,在综合防治基础上完成的"农作物害虫管理数学模型与应用"成果获"国家教委科学技术进步奖"二等奖。

1996年，由蒲蛰龙牵头，与古德祥、张润杰共同撰写的论文《大沙镇水稻害虫综合防治23周年》在云南省昆明市召开的"中国有害生物综合治理学术讨论会"上宣读，并收入《中国有害生物综合治理论文集》。随文列出参加本项研究工作的人员，包括中山大学昆虫学研究所周汉辉、汤鉴球、张宣达、刘复生、周昌清、何国锋、杨球英、陈海东、庞义、杨平均、徐利生、陈晓雯等，四会县麦宝祥、邓海栋、陈云辉、温国能、马月英、吴荣健、黄志文等。短短的名单，数十个名字，是在田间地头默默耕耘、为"三农"工作鞠躬尽瘁的科研人员和基层干部，他们在中国农业科技史上留下浓墨重彩的一笔。

20世纪80—90年代，在蒲蛰龙的带领下，中山大学昆虫学研究所的水稻害虫综合防治研究团队，在大沙进行了害虫种群动态、天敌与害虫的种间关系、害虫预测与管理模型、"综防"专家系统、稻田节肢动物群落重建与种库关系等多项基础研究，发表论文100多篇，出版专著2部。作为蒲蛰龙带领中山大学昆虫学研究所开创的科研成果，《水稻害虫综合防治》成为中山大学有害生物控制与资源利用国家重点实验室的专题成果，于2007年1月入库。

在蒲蛰龙开创的水稻害虫综合防治实践中，大沙水稻生产多年来均取得大丰收。1998年，大沙米业有限公司生产的穗香牌优质丝苗米被准予使用绿色食品商标标志。大沙已然成为无公害大米的生产基地，蒲蛰龙多年的"综防"研究成果已转化为生产力。

第八章　湘西养蚕

深入云开大山调查

20世纪50年代末至60年代初,我国面临着中华人民共和国成立以来最严重的经济困难,民众过着缺衣少食的苦日子。蒲蛰龙念本科时曾选修蚕桑学知识,深知蚕全身都是宝,除了蚕丝是主要的纺织原料外,白僵蚕、蚕蜕、蚕蛹等都是中医治病的良药。他力图挖掘野蚕资源,以解决大众衣着问题。他迫切希望通过科学技术,帮助农民发展养蚕业。

在距今5000多年前,我国先民已开始养蚕。岭南养蚕始于宋代,周去非的《岭外代答》中记述:"水䌷,广西亦有桑蚕,但不多耳,得茧不能为丝,煮之以灰水中,引以成缕,以之织绸,其色虽暗而特宜于衣。"可见水䌷就是华南地区山蚕丝所织成的绸。山蚕的饲养曾盛行于云开大山(两广交界处),该地民众有饲养山蚕的传统技术,一套丝绸制成的衣服,质优耐用,四季可穿,群众称之为"四季衣"。蒲蛰龙前往云开大山调研,正是为了找到合适的野蚕资源,以解决民众衣着难题。

1962年，蒲蛰龙带领昆虫生态研究室的古德祥、朱金亮（朱志民）、林典宝、叶育昌等前往广西容县，与当地农业局工作人员和公社干部一起考察调研。当时山区出行极不方便，考察过程大多是徒步。考察队员往往要自己背着沉重的行李和实验装置，尽管向导和学生经常抢着帮蒲蛰龙背行李，但他觉得自己可以做的事情，不要给别人添麻烦，坚持自己拿行李。队员还要面对野外考察可能遭遇的种种危机，尤其对于年过半百的蒲蛰龙来说，是个大考验。不过考察队还是出色地完成了任务，除了考察野蚕生长情况及山蚕在华南地区的饲养历史经验外，还沿途调查森林植物虫害情况、收集昆虫标本。

蒲蛰龙在考察中了解到，云开大山两旁的蚕主要以珊瑚树叶为饲料，人们习惯称之为山蚕，因又以乌桕叶为食，也被称为大桕蚕。早年在云开大山两旁生活的劳动人民，除了采集、利用野生的山蚕茧以外，早已对山蚕进行人工饲养。在山区考察时，他们看到当地有村民穿着自养自织的整套山蚕绸衣裤，据说已穿了十二三年，犹如新衣，足见其耐用性。蒲蛰龙一行专门访问了两位七八十岁的老人家，他们都是三四十年前的养蚕人，其中一位老人，曾经养山蚕10年，每年收获蚕茧自煮自织，最多时能生产出山蚕绸4匹，每匹长5.4米；另一位老人曾经每年加工过万余只山蚕茧，生产山蚕绸10多匹。

但由于当时对山蚕的制种和饲养比较困难、销路不畅通等原因，对山蚕的饲养和蚕丝的加工生产逐渐减少，在蒲蛰龙带队考察时，当地只剩下两三家养蚕户。

在广西调研考察期间，蒲蛰龙和研究人员不畏艰难困苦，几乎每天都背着行李和标本、带上干粮翻山越岭，到饲养山蚕的 6 个县访问调查，在每个县都要待上一段时间，走访蚕农、了解饲育野蚕和家蚕经验，再集中在南宁交流汇报考察情况。通过此次深入山区考察，蒲蛰龙和团队了解了山蚕饲养情况和生态学特性，包括饲养技术、山蚕的化性、卵期、幼虫期、蛹期等，以及食性、加工制作、价值、销路等情况。在云开大山进行山蚕生态调查的同时，为了方便山蚕饲育的研究工作，蒲蛰龙专门在容县设立中山大学昆虫生态研究室云开大山山蚕研究点，派出了年轻老师林典宝、古德祥、林佩卿等到容县六王公社蹲点进行饲养山蚕的研究试验。在山蚕饲育和研究中，他们发现该地区的山蚕是年经两代，以蛹越冬，由成虫起算，第一代从 4 月下旬至 8 月中旬；第二代由 7 月中旬起，到 11 月幼虫大体结茧完毕，以蛹越冬，直至翌年 4 月羽化为蛾。

1963 年，蒲蛰龙和研究人员把山蚕采集引种到中山大学昆虫生态研究室内饲育，由林乡、赵克豪等负责，通过实验室的先进设备，对山蚕的生物学、生态学及山蚕茧纺丝的价值等进行研究试验及数据分析。他们发现山蚕在广州地区一年可经过三个世代,均以蛹期越冬,比广西容县发生得早,进入越冬期也较迟。在饲养过程中发现,在广州室内饲养的山蚕有蚂蚁为害,在野外放养的山蚕受两种胡蜂及一种小茧蜂的为害最烈,灰山雀、鹊鸲、棕背伯劳也是山蚕野外放养的重要天敌。对山蚕饲养的调查研究历经 3 年多,测试实验证明,山蚕丝的强度、伸长率均良好,精纺时断头率和纺成丝后的疵点也较少,光泽为天然的褚黄色,其纺丝价值及可纺性超过一般野蚕丝。

由此,蒲蛰龙认为山蚕是在华南山区有悠久饲养历史的一种野蚕,蚕丝质量优良,可以增加我国的纺织原料,解决群众穿衣问题,山蚕饲养值得开发。其一是有群众基础,在华南云开大山地区群众已有饲养山蚕的经验;其二是山蚕在华南山区,每年至少可饲育两代,较暖地区还可饲育三代;其三是在华南山区中作为山蚕饲料的珊瑚树,还可以防止河、湖、溪流两旁的冲刷,保持水土,护岸保堤。但山蚕饲养在华南山区一直未能发展起来,最主要的原因是还没有一套完整的饲养方法,以致饲养常常失败。因此,调查各地山蚕天敌,研究其防治方法,研究野外环境因素对山蚕生长发育的影响及放养的合理方法,都是发展山蚕饲养事业的重要措施。

这次深入调研与山蚕饲养研究试验后,由蒲蛰龙执笔,与朱金亮、古德祥、林典宝、叶育昌等研究人员一起撰写了《山蚕（*Attacus atlas Linn.*）的研究》《山蚕生物学及生态特性的研究》，希望对有关科研单位及各地民众饲养山蚕有所帮助。

柞蚕饲养研究

在对山蚕饲养的试验研究告一段落后，蒲蛰龙了解到，我国东北地区在饲养和使用柞蚕方面领先世界，柞蚕的质量和用途更佳，蚕丝可制作高级衣料，用于电气绝缘材料、飞机翼和轮胎内芯等，作为出口商品还能每年为国家换取不少外汇。而当时的柞蚕丝产量远远不能适应国家的需要，扩大柞蚕饲养区，增加每年饲养次数，对增加国家财政和群众收入都有好处。蒲蛰龙希望在研究山蚕饲育的基础上，再研究柞蚕的饲育问题。

柞蚕产区主要是在我国的东北及山东、河南一带，是一种饲于野外的野蚕，过去有"柞蚕不能过长江"的说法。蒲蛰龙认为，我国南方省份山地面积大，山区可作柞蚕饲料的植物也很丰富，而且南方气候温和，每年可养蚕次数应比北方多，在南方发展柞蚕饲养应该大有前途。可是，北方每年可放养两代的柞蚕移到南方后只能饲养一代。能饲养两代以上才有移养价值，因此打破这一瓶颈迫在眉睫。要柞蚕在南方落户，能否充分利用南方气候温和的条件，每年多养一两代，甚至更多代呢？此外，柞蚕在南方的天敌多，放养于野外易遭受袭击，损失很大，需要研究其天敌种类及防治方法，并探索室内饲养的可能性。为此，他组织了中大昆虫生态研究室的古德祥、魏聪桂、周昌清、叶育昌、张孟丹、林佩卿、刘复生、卢爱平、陈振耀、赵克豪等研究主力，做了一系列北蚕南养的基础性研究。

为了挑选合适的野蚕资源，做好品种选育工作，蒲蛰龙派出几个小分队，分别到南方各地采集蚕种，同时派人前往东北引进柞蚕种回来饲养。然而，1964—1965年间的三次野蚕资源调查，都未能找到有利用价值的优良野蚕。

1964年4月，蒲蛰龙通过山东省农业科学院引来品种为"胶蓝"的柞蚕种蛹，供实验室饲养，用枫香树叶为饲料，以竹筒插枝条法做试验，在1964年连续养了四代。1965年又连续进行了四代的室内饲育。1965年春，蒲蛰龙通过辽宁蚕业研究所引来胶蓝柞蚕种蛹，以同样方法饲养。1965年6月，蒲蛰龙还亲自带队到河南省信阳参观柞蚕原种场，了解有关移种放养技术。当年8月中旬室内柞蚕养到第三代的时候，开始将部分三龄蚕种放在广东清远县飞霞林场，同时将实验室内饲育的第三代柞蚕种带往河南信阳柞蚕原种场山上做自然光照放养试验，分别选用山东和辽宁的胶蓝品种进行对比试验。在饲育过程中，蒲蛰龙细致进行了柞蚕光照试验及尼龙薄膜覆盖饲育试验。

经过一系列的试验和不断的研究改进，柞蚕每年饲养代数从一代增加到四代，室内饲育和室外放养的收茧率分别是 90% 和 47%，室外放养的收茧率低主要是受环境和天敌影响。这一试验的成功，打破了"柞蚕不过长江"的说法，对扩大柞蚕饲养区、增加每年饲养代数，具有重要的理论与实践意义。通过这些试验，蒲蛰龙也对柞蚕饲养有了不少新认识。他认为，在湖南、广东、广西、江西、福建等省份的山区发展柞蚕饲养产业是完全有可能的；在其他一化性地区，如河南、陕西、贵州、湖北等地，每年多养一代，也是可以做到的。

正当蒲蛰龙带领的研究团队饲育山蚕、柞蚕的试验研究取得初步成果时，前往湖南湘西调研的同志报告称，该地区在放养柞蚕的试验中遇到困难，湖南省和黔阳地区科委希望中山大学生物系在柞蚕饲养技术上给予支持帮助。为此，生物系专门召集昆虫生态研究室人员开会研究。

蒲蛰龙了解到，湖南黔阳地区的科研人员几年的饲养柞蚕试验都失败了，而要突破"柞蚕不能过长江"的瓶颈，必须做好充分的前期研究。蒲蛰龙组织了昆虫生态研究室的主要力量，在一系列北蚕南养的基础性研究上，将目标定为做好饲料的选取和寻找适合放养的地方。

1965 年 11 月 21 日至 12 月 13 日，蒲蛰龙派刘复生、陈振耀到湖南黔阳和郴州调查柞蚕饲料植物资源，了解当地历年的气象资料，寻找适合柞蚕放养的场地。调查发现，湘西黔阳地区柞树资源丰富，而郴州地区柞树资源较少，虽有一定数量的枫树，但树势高大，不适宜放养柞蚕。因此，蒲蛰龙选择了黔阳地区作为柞蚕饲养地。

柞蚕的饲料选取同样很重要。为了选取合适的柞蚕饲料和饲育放养基地，1966年1月3日，蒲蛰龙亲自带领卢爱平、陈振耀两位年轻老师坐火车到广东韶关曲江林场、乐昌坪石和乳源五指山等地调查柞蚕饲料植物资源，试图寻找广东省内柞蚕放养山地。4日一早，韶关农业局的同志带着蒲蛰龙一行到曲江林场观察枫树林生长情况。蒲蛰龙觉得，可把这个枫树林作为开展柞蚕饲养研究的试验点。当天下午，蒲蛰龙一行又前往坪石武阳寺和石灰冲一带，了解三角枫、柞树生长情况。他们徒步在坪石的水牛湾到石灰冲山间一带调查，穿梭在武阳寺、旧坪石、石灰冲山间树林，一天大约走了24千米。据陈振耀回忆，蒲蛰龙和他们到韶关的3天，几乎没有歇脚休息，而是马不停蹄地赶到林场考察，山区寒冷，有时候还顾不上吃饭。6日上午，蒲蛰龙因工作需要回广州，卢爱平、陈振耀继续留在粤北乳源五指山调查柞蚕饲料植物。随后，蒲蛰龙继续安排包金才等人到粤北坪石、湖南宜章、临武等地，艰难地寻找适合柞蚕饲养的植物饲料和饲养地，并为当地开展柞蚕饲育提供技术指导。

到湖南黔阳放养柞蚕

蒲蛰龙根据在各地调查研究的情况，1966年上半年决定将湖南黔阳地区作为中山大学昆虫生态研究室柞蚕放养研究基地。他安排年轻教师把主要精力投入柞蚕制种、野外放养、收茧保种等整个生产技术流程的研究，并与湖南省科委和黔阳地区各县的科委、农业局、外贸局、供销社、农业学校等联合举办柞蚕放养技术培训班和实地放养指导试验，以"传、帮、带"的教学模式，为当地柞蚕生产培养人才。

柞蚕放养的第一关是制种。1966年2月下旬，蒲蛰龙派卢爱平、赵克豪到河南信阳柞蚕原种场学习批量制种技术。他们到那里后除了吃饭睡觉，几乎所有时间都扑在蚕房制种工作上，洗筐、清洁、消毒等每个工序都跟着动手学习。蒲蛰龙多次写信鼓励和帮助年轻教师，了解他们在学习工作中碰到什么困难，指导该如何解决等问题。仅仅半个多月，到3月15日，就产出几十万粒蚕茧。随后，卢爱平按照蒲蛰龙的要求，把300粒蚕种寄回中大昆虫实验室饲养，并收集好各个品种的1万粒蚕卵，准备在黔阳放养基地进行试验。

第二关是到当地放养并协助饲养柞蚕。1966年3月至6月，中大昆虫研究室的周少钦、陈振耀、刘复生、卢爱平、赵克豪、张孟丹等几位年轻人作为第一批帮扶人员来到黔阳县。周少钦、陈振耀于3月19日到达制种场，即与当地有关单位协商，请他们派人参加柞蚕饲养培训班学习制蚕技术，并到适合饲养柞蚕的山区考察饲养地点。他们选取了黔阳县江市公社申坳大队、原神公社原河大队的蒋家冲和矿脚3个放养点。此外，黔阳当地的领导要求在黔城也设一个柞蚕家养点，由张孟丹负责。黔阳地区到处是山林，当地有一句俗语：“出门就是山，一山连一山，山高路又陡，没爬心就抖。”当时的黔阳县交通条件比较原始，极目所见就是一片崇山峻岭，山上丛林密布，上山只有羊肠小道，没有公路，连能骑自行车的小路也没有。工作组的同志根据当地的气候条件进行柞蚕放养，起初孵化的蚕很小，只能在室内喂养，再逐步移放到室外的柞树上。山上蛇虫鼠蚁和鸟类动物特别多，要时刻提防它们"搞破坏"。看见蛇出没，只能拿树枝或放猎枪吓跑它们，同时也要时刻注意防止鸟虫的侵害，观察柞蚕的进食情况，做到"及时匀移，不使缺食"。

　　由于放养柞蚕的地点离住处有足足22.5千米，山路陡峭难走，上山养蚕人员每天早上5点起床，携带干粮翻山越岭1个多小时，才能到达工作的地方，晚上8点才下山回来吃饭。因每天的工作量大，体力消耗也大，连卢爱平这么小个子的女同志，每天都要吃1斤2两的米饭才行。尽管工作条件艰苦，但这几位可敬可爱的年轻老师工作都认真负责，团结一致。他们作为培训班学员的老师，都能做到以身作则，言传身教，关心群众。特别是卢爱平老师，她看见有学员衣服带不够，就把自己的棉衣给学员穿；寒冷天气有学员没被子垫，她把自己的衣服撕开缝成垫子送给学员……如此种种，不一而足。1966年9月16日，刘复生、陈振耀、赵克豪写信给蒲蛰龙汇报养蚕工作，请蒲蛰龙放心："只有把大批量的蚕拿到手，把技术学到家，才是我们这次放蚕的目的。"

几位年轻的老师与黔阳科委、供销社、农校一起，共同组织举办了2期放养柞蚕训练班，指导学员们实地放养。第一批骨干有29人，第二批34人。从1个公社的3个大队逐步扩大到黔阳县各公社，又发展到7个县、镇，帮助他们培养了大批养蚕技术人员，当地政府和群众好评如潮。

蒲蛰龙夫妇赴湘西调研

在湖南黔阳山区，没有电话等通信设备，主要的通信方式是写信。在黔阳的6位同志经常写信向蒲蛰龙汇报在黔阳养蚕、培训学员等情况，蒲蛰龙也常写信指导和鼓励他们。1966年4月27日，工作人员收到蒲蛰龙的两封来信，得知蒲蛰龙和利翠英将要到黔阳来，大家既高兴又担心。周少钦和张孟丹分别写信给蒲蛰龙，说明黔阳山区的艰苦条件，周少钦在信末还特别叮嘱："在这里生活比较艰苦，住宿及冲凉房都是很简陋的，在山上大部队及小学教师都没有住房，女同志到此很不方便，是否考虑利先生这次不来了？"然而，蒲蛰龙和利翠英都是爱民亲民、热衷于帮助农民做实事的科学家，即使清楚地知道湘西山区的条件异常艰苦，也阻挡不了他们前往的决心。

5月14日，这对年过半百的老教授夫妇，背着装有衣服、被子等生活用品的行李包，带上年轻老师嘱托帮忙带去的工资、粮票、药品、汽灯、电池等，启程前往黔阳。他们从广州搭火车前往湖南衡阳，中途又换班车，历经3日，17日下午才到达黔阳。当天晚上，黔阳专署党委书记等3位同志特意前来看望蒲蛰龙夫妇，感谢蒲蛰龙和中山大学老师帮助他们发展柞蚕饲养事业，大家一起吃了顿简单的晚餐，共同商量如何把黔阳地区养蚕业做好。

19日一早，蒲蛰龙夫妇又带着行李，随周少钦等从黔城步行15千米到达黔阳县江市公社，坐船过沅水河后步行上山。他们背着沉重的行李，艰难走了一个多小时的山路，19日中午才到达申坳大队，与驻扎在试验点的青年教师刘复生、周少钦一同入住极其简陋的农舍。

放下行李，稍作安顿，蒲蛰龙不顾几日舟车劳顿，马上和周少钦一起步行到山上柞蚕放养点，查看柞蚕放养工作。几位年轻老师精神状态都很好，情绪高涨，虽然黑了瘦了，但身体结实了。看到大家精神饱满，工作扎实，蒲蛰龙很高兴；看到这里饲养的柞蚕比在广州室内养得大而健壮，他连声称赞青年教师的劳动。"高山的柞树点缀着黄、蓝、绿色的柞蚕，十分美丽。进入五龄的蚕，估计约有26万只，数量也颇可观。"在1966年5月23日蒲蛰龙写给中大昆虫研究室杨承帜等人的信里，高高的柞树与大片的柞蚕相映，人迹罕至的湘西大山自然风光如诗如画，让他忍不住写下了真挚的赞美。

黔阳专署对蒲蛰龙专程到黔阳来指导养蚕工作十分重视，安排5月20日在黔城召开柞蚕生产技术现场会议，由专署所属各县的科委、农业局等派出40余人参加。在这次现场会议上，蒲蛰龙亲自为黔阳专署组织来现场参观学习的人员讲课，指导他们在养蚕过程中遇到问题要如何解决。参加现场会议的同志干劲十足，纷纷要求大力发展养蚕事业，并请中山大学老师帮助他们举办夏蚕家养训练班。朴实热情的山区人民让蒲蛰龙和青年教师们深切感受到他们对美好生活的向往。事后，蒲蛰龙在写回给生物系同志的信中说："这次搞起群众性的生产性科学试验，给我们很多体会和启示，进一步了解和群众一起搞科学实验的重要性和我们搞昆虫学研究的应该培养一批什么样的年青科学工作者。"

在黔阳山区10余天时间里，蒲蛰龙夫妇和几位年轻老师一样，几乎都是每天一大早出门，到各个山头察看柞蚕的放养情况，往往一走就是 15 千米山路。湘西的春末天气阴冷，温差颇大，阴雨连绵，翻山越岭更加困难。蒲蛰龙夫妇和大家同喝山沟里的黄泥水，带着硬邦邦的粗粮爬坡上山，住在简陋寒冷又没通电的简易棚房里。但他们都毫不在意，一心只为帮助山区农民脱贫解困。蒲蛰龙除了到他们负责的申坳大队放养点视察，还到附近原神公社原河大队的蒋家冲和矿脚两个试验点。这三个点之间分别相距一个小时行程，但年逾半百的蒲蛰龙夫妇不畏辛劳，多次到蒋家冲和矿脚查看柞蚕生长情况，还到训练班学员负责的另外两个放养点指导养蚕工作，对存在的问题与困难，则与青年教师现场研究商讨。5 月 25 日，蒲蛰龙根据各试验点存在的问题，

1966年5月，蒲蛰龙、利翠英在湖南黔阳地区蒋家冲指导青年教师放养柞蚕。

专门召集 5 位中大驻点老师开会研究，对如何做好下一步试验、培训和资料积累、整理等工作提出了具体的指导意见。

5 月 31 日，蒲蛰龙夫妇离开湘西，前往安江、邵阳、长沙。一路上，他们向专署林业局、湖南省科委、湖南农业厅、省外贸办及黔阳专署的领导汇报柞蚕放养情况，还顺道考察了湖南的农业生态情况，6 月 8 日才离开湖南。

放养柞蚕大获成功

蒲蛰龙根据柞蚕的生理生态活动研究，与青年教师利用昆虫生态研究室设备研究试验后发现：柞蚕要打破滞育，需要经过一个低温过程。用低温处理蚕种蛹的方法，能使一年一化的柞蚕品种实现一年两化，并在黔阳地区试验成功，解决了北方柞蚕在湖南落户问题。基于此，蒲蛰龙撰写了《柞蚕的研究》。虽然蒲蛰龙领导的研究团队在湘西山区放养柞蚕的生活非常艰苦，但是看到丰收在望，蒲蛰龙和大家的心里是非常高兴和激动的。可惜在即将收茧的前夕，"文化大革命"开始了，科研和生产都无可避免地受到猛烈冲击。1966 年 6 月 10 日，6 位年轻老师不得不带着遗憾离开黔阳试验基地。

为了保护来之不易的试验成果，蒲蛰龙多次冒着风险派年轻老师前往湘西进行柞蚕放养试验，几度获得成功。1966年下半年，蒲蛰龙派出周少钦、陈振耀到原神公社进行秋蚕放养试验。1967年2月，蒲蛰龙再度派出更大规模的科研队伍，带备种茧再度前往黔阳安江镇农校，制备蚕种，为黔阳地区大面积推广生产做准备。他们分别在黔阳县、新晃县和通道县设点，为当地举办了3期柞蚕放养技术培训班。随后把放养研究扩大到黔阳地区的芷江、新晃、黔阳、靖县、通道等县，设点大面积放养，为该地区各县培训学员30多名，分派到各个试验点开展工作。1968年8月中旬至11月，周少钦、陈振耀在蒲蛰龙的指示下再次前往原河大队进行秋蚕放养研究试验，并同步指导秋蚕放养技术培训班，放养试验再获成功。

蒲蛰龙为柞蚕研究呕心沥血，通过研究团队的艰苦奋斗与共同努力，打破了"柞蚕不能过长江"的说法。1969年，在黔阳春、秋二造放养柞蚕卵种600多斤，收鲜茧4万多斤，大大改变了这个偏僻山区的面貌。科学养蚕不仅为国家增加了财富，提供了重要的出口物资，创造了重要的工业、国防资源，也大大提升了当地群众的收入，改善了人民的生活。因此，蒲蛰龙的团队受到了湖南省科委的通报表扬。

第三篇 学科建设

蒲蛰龙不仅专注于自身科学研究，还密切关注学科前沿发展动态，为发展我国生防科技事业开展了多项有前瞻性的科研工作。在打造昆虫学研究重镇的同时，蒲蛰龙也积极推动我国生物防治事业和生态文明建设向前发展。

第九章　推动昆虫数学生态和病理学研究

开创数学与昆虫生态相结合的研究方向

多年来，在害虫防治及应用方面，蒲蛰龙始终走在世界前列。他了解到，早在20世纪60年代，就有科学家把数学模型和计算机技术应用到害虫管理决策分析中。20世纪70年代，在看到美国等西方国家利用计算机研究昆虫种群生态学，并在害虫管理中使用数学模型后，蒲蛰龙很受启发。他认为，建立数学模型的目的是通过数学和生态学的跨学科方法，找出对生态系统最佳的管理对策。因此，在20世纪70年代中期，他找到中山大学数学系概率统计教研室主任郑曾同教授，希望数学系和生物系昆虫研究室合作，从应用数学、计算机科学的角度研究昆虫生态，利用概率统计学从昆虫数量、动态方面入手，搭建害虫管理数学模型，以数据掌握害虫规律。郑曾同的概率论研究居全国领先地位，在数学界享有盛誉，他和蒲蛰龙同为留美博士、第三届全国人大代表。可惜，此事尚未谈妥，郑先生却因病早逝。之后，蒲蛰龙跟数学系主任李岳生再谈此事情，由于当时时机尚未成熟及其他原因，搭建害虫管理数学模型一事最终不了了之。

1975—1976 年，蒲蛰龙带队出访加拿大、瑞典参加学术交流研讨活动，了解了西方国家一些新的生物防治发展情况。1979 年 10—12 月，蒲蛰龙应美国科学院美中学术交流委员会邀请，在美国明尼苏达大学、得克萨斯农业及机械大学、内布拉斯加大学、佛罗里达大学、密执安大学 5 所大学讲学，并应邀参加了全美昆虫学会 1979 年年会。此次访美，他深深地感受到我国的科学研究，特别是在利用计算机网络技术进行研究方面已远远落后于其他国家。1980 年 5 月，蒲蛰龙应美国纽约州博氏汤普生研究所之邀，出席了在美国康奈尔大学举行的"用微生物治理害虫"会议。在这段时间里，他进一步了解了国际上利用微生物防治害虫取得的成就、创新做法以及面临的问题。

两次美国之行，蒲蛰龙在推介中国生物防治害虫成就的同时，也意识到在这 20 年里我国的害虫防治预测与管理工作跟西方国家相比，已经落后很多了。西方国家将数学模型直接应用于害虫防治决策、害虫的预测预报、害虫防治方案的评价和筛选、病虫害信息化管理。如古铁雷斯（Gutierrez）等人在 1977 年用他们建立起来的棉花生长模型来评价盲蝽、棉铃虫对棉花生长发育的影响；美国密执安州立大学把苹果蠹蛾等几种苹果害虫的种群模型和苹果树的物候学模型结合起来，通过计算机对苹果害虫实施管理。这些事例都让蒲蛰龙深深地感到，我国农业生产的管理还是比较落后的，大多数农户面对农作物和森林虫害的决策都是主观的、随机的，几乎都是根据农业生产中的朴素经验采取灭虫的行动和方法，在一定程度上具有盲目性。因此他在考察中，认真观察这些先进科技成果，并把有关资料复制回来学习研究。在回国后写的总结中，他感叹地说："他们的电子计算机已广泛应用于昆虫学研究，普遍用于制定昆虫生态，尤其是生态系统的数学模型。"他希望我国也要加快建立电子生态管理模式。如果能够建立一个决策模型，设计出一套完整的算法，把农田生态系统的各种主要资料信息，包括害虫种群密度、天敌种群密度、气象资料、防治费用及产品的市场价格等输入模型进行运算，就可以得到一份包含种群模型、天气模型、决策模型的防治建议书。这对农业生产和国家经济发展都是有所裨益的。

推动农作物害虫管理数学模型建构与应用

中山大学恢复招收研究生后，蒲蛰龙率先招收了 6 名研究生，其中张润杰专门从事害虫管理数学模型专题研究。

1980 年，蒲蛰龙跟踪国际学科前沿，在中山大学昆虫学研究所建立了昆虫数学生态、昆虫病理及基因工程两个新的研究方向，与年轻教师共同钻研这两个新学科。在蒲蛰龙的积极推动和中山大学数学系主任李岳生教授的大力支持下，中山大学昆虫学研究所成立了昆虫生态与害虫控制研究室。中山大学数学系周之铭教授作为昆虫学研究所的兼职教授，数学系的滕成业、王秀松、冯国灿、周勤学等老师和昆虫学研究所的周汉辉、汤鉴球、张宣达、刘复生、周清昌、何国锋、杨球英、陈海东、庞义、杨平均、徐利生、陈晓雯等老师通力合作，共同进行害虫综合防治和数学生态学研究。该研究室的主要任务是研究农、林、卫生害虫的发生动态及防治技术，侧重于水稻害虫综合防治。研究手段是运用计算机和网络信息技术，分析农作物重大病虫灾害的发生规律，建立害虫发生期、发生密度、发生面积、发生程度、发生趋势预测和风险评估模型，以提供风险评估、发生预警、防治决策和信息咨询。这个科研课题开创了学科渗透、学科交叉的新教学科研模式。

为了让不同学科的研究者理解模型建构的基础理论，蒲蛰龙亲自为昆虫学研究所和数学系的师生讲课，从害虫管理的概念开始，讲20世纪50年代以来各国在昆虫管理方面的防治对策和具体措施、数学模型在害虫管理中的作用和意义、国外害虫管理数学模型研究概况、数学模型在我国害虫管理中的研究和应用等。

从 1973 年起，蒲蛰龙在四会县大沙公社开展水稻害虫综合防治工作，留下了许多数据资料。为了进一步研究大沙公社水稻害虫的发生规律，提出害虫防治的最优解，蒲蛰龙组织中山大学昆虫学研究所、数学系、力学系及计算机科学系的教师，从生态系统的角度深入研究四会县大沙公社水稻害虫、耕作技术、环境因素之间的关系，从而建构出大沙水稻害虫综合防治和稻田虫害消长规律模拟模型。理论上，使用这个模拟模型可检查害虫和作物之间的生态学关系，进一步为水稻高产提出害虫防治理论与实施办法。很快，蒲蛰龙为首的研究团队就完成了《水稻害虫综合防治和稻田虫害消长规律研究》。

在这项研究中，蒲蛰龙还带领研究团队对大沙的天敌资源进行了调查，研究课题主要涉及五个重要内容：一是稻纵卷叶螟自然种群生命表与稻纵卷叶螟的计算机管理系统研究。稻纵卷叶螟是一种水稻害虫，1977—1982 年蒲蛰龙团队以广东四会为研究基地，取得了稻纵卷叶螟 27 个世代的生命表资料，为害虫的测报与管理提供了丰富的数据。这项研究将系统分析、最优化理论、计算机技术应用于害虫管理上，是实现害虫测报和管理计算机化的研究成果。基于此，蒲蛰龙和古德祥、周昌清、汤鉴球、周汉辉、张润杰等研究人员写出了近 10 篇的研究论文，该项研究成果获得 1991 年国家教委科技进步三等奖。二是进行捕食与被捕食的血清学研究。在蒲蛰龙带领下，昆虫学研究所的周汉辉、汤鉴球、古德祥、张文庆等研究人员，从1981年起在国内首先应用血清学方法检验稻田捕食性天敌的捕食作用，以天敌的功能反应结合血清学检验，提出了天敌作用定量评价的一种新方法。该研究课题产出了多项研究成果，包括14篇研究论文。三是建构三化螟自然种群生命表和三化螟种群的预测模型。通过田间系统调查和试验，用多种数学方法，组建了水稻主要害虫三化螟自然种群生命表（9个世代）和水稻群体生长模型，以此建构三化螟多阶段管理决策模型。此项研究有16篇研究论文，研究成果被专家认为"有较高学术水平和应用价值，整项研究达国内同类研究的先进水平，其中管理模型处于国际先进水平"。四是水稻主要病虫害综合防治专家系统。建立了水稻生长发育和丰产栽培技术子专家系统，三化螟、稻纵卷叶螟、稻飞虱、白叶枯病、水稻纹枯病综合防治子专家系统。这个系统成功地把模型引入专家系统，解决了知识库、模型库和数据库的互联技术，构建了项目管理中通用的专家系统外壳。五是稻田节肢动物群落重建与种库理论研究。研究结果表明，在生产实践中，可采取适当措施如增加农田植物的多样性、保留部分田埂杂草、不搞"四边光"等，尽量减少对害虫天敌的损害，以发挥自然天敌对害虫的控制作用。该研究小组在对问

1990年,《农作物害虫管理数学模型与应用》出版。

题进行初步研究的基础上,发表了4篇论文。

该项重大科研工作得到中山大学领导的大力支持,由中大昆虫学研究所和数学系通力合作,经过多年的研究与实践,人才队伍培养建立起来了,科研成果丰硕,还共同编写了《农作物害虫管理数学模型与应用》。该书主要阐述害虫综合治理的基础知识,介绍国内外害虫管理的数学模型及其应用,出版后受到了海内外植保工作者的关注和好评。北京师范大学教授徐汝梅评价道:"这是我至今看到的最为全面、最为丰富的具有实际应用价值和指导意义的有关害虫管理数学模型的专著。"蒲蛰龙在序言里特别强调:"我们希望这种知识(指电子计算机作为害虫管理工具这门知识)不要长期停留在书本上,要走到田间去,结合我国的实际,通过实践,不断创新,为我国害虫管理的现代化,闯出一条新路子来。"

1990年8月,蒲蛰龙领导的昆虫学研究所承担的国家"七五"科技攻关计划项目"三化螟预测与管理模型"在北京通过农业部组织的专家验收鉴定。1993年12月4日,中山大学昆虫学研究所等单位承担的广东省林业厅科技项目"广东省马尾松毛虫数据管理及测报系

1993年,"农作物害虫管理数学模型与应用"获奖。

统(SMC)"通过技术鉴定。专家们一致认为,该软件系统代表国内同类研究先进水平。1993年,"农作物害虫管理数学模型与应用"获得"国家教育委员会科学技术进步奖"二等奖。中山大学昆虫学研究所团队在应用计算机和网络信息技术方面陆陆续续取得了多项研究成果,不可否认的是,这和蒲蛰龙打下的良好基础密不可分。

推动昆虫病理学发展研究

昆虫病理学是20世纪40年代后期才逐渐形成的一门现代昆虫学与实验病理学相结合的新兴学科,主要研究昆虫疾病的发生、发展和转化的规律,为防治益虫的疾病和利用昆虫病原体防治害虫提供理论依据。昆虫病理学的发展,使得在19世纪至20世纪中期应用失败的治虫病原体的治虫效果重新得到肯定,而且许多种类已制成人畜无害的微生物杀虫剂,在一定程度上代替了化学农药,对人类生产与生活环境的改善起到积极作用。

20世纪60年代以来,我国昆虫病理学的研究和应用微生物防治害虫工作已逐渐深入,但仍缺乏一本比较完备的昆虫病理学的学术专著。我国高等学校的生物学科、植物保护及森林保护学科也都缺乏一本较为全面介绍昆虫病理学的教材。蒲蛰龙认为,昆虫病理学是一门新兴的、理论联系实际的基础学科,因此有必要为当前的教学、科研工作编写一本昆虫病理学专用教材,作为应用微生物防治农、林、卫生害虫工作和益虫饲养的重要参考书。在蒲蛰龙的牵头下,中山大学昆虫学研究所从事昆虫病理学研究的利翠英、庞义、龙繁新、梁宗琦、叶育昌、赖勇流、谢伟东、罗河清、刘南欣、杨平均、张润杰、何淼等研究人员都投入了《昆虫病理学》的编撰工作。

由蒲蛰龙主编的《昆虫病理学》作为国家"八五"计划重点图书选题、当代科技重要著作,于 1992 年由广东科技出版社出版。该书主要对昆虫病原微生物的重要类群、种类、生物学与生态特性暨昆虫传染病发生经过和变化规律进行阐释,介绍各种传染病与害虫防治、益虫饲养的关系,昆虫病原微生物分子生物学及基因工程的研究概况,昆虫对各种病原微生物的抗御现象和机理,昆虫传染病的传播与流行,昆虫病理学的发展经过等。该书出版后好评如潮,被国内专家评价为"我国科技界期待已久的高水平巨著"。蒲蛰龙在深入研究昆虫病理学的基础上,撰写了《昆虫病理学的范围与进展》等多篇文章。

20 世纪 90 年代,蒲蛰龙在分子生物学的研究基础上,带领中山大学昆虫学研究所的团队通过基因工程途径构建了多株高效、广谱的 Bt 工程菌株,使得我国在该领域的研究处于国际前沿水平。

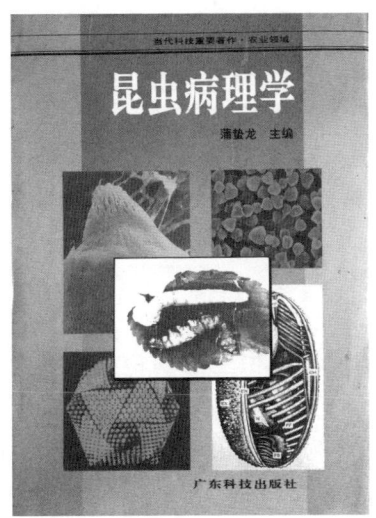

1992年,《昆虫病理学》出版。

蒲蛰龙将毕生精力投入昆虫学研究的方方面面,坚持理论联系实际,尤其注重对学科前沿的探索,在物质和技术条件尚不发达的年代,筚路蓝缕,推动了我国昆虫数学生态和昆虫病理学研究从无到有的发展。

第十章 打造昆虫学研究重镇
推动生防事业发展

创建中山大学昆虫生态研究室和中南昆虫研究所

1956年9月,蒲蛰龙调任中山大学后,创建了昆虫学教研组,并首任主任。这个教研组除了他和夫人利翠英外,还有原岭南大学的教工周郁文、刘顺邦和梁凤清。蒲蛰龙认为,要开展昆虫学研究,发展昆虫学和昆虫生态学,就必须有一支专门从事昆虫学研究的精良团队,因此,他把华立中、朱金亮、陈熙雯、古德祥、林典宝和包金才等一批中华人民共和国成立后培养出来的高素质的大学毕业生留在昆虫学教研组。1957年10月,蒲蛰龙通过教育部和中山大学邀请了苏联莫斯科大学昆虫生态学家安德列安诺娃(Andreanova)教授到中山大学生物系任教一年,主讲昆虫生态学。当时国内生态学发展还很落后,几乎是无人关注、无人研究,中山大学的昆虫生态研究更是一片空白。蒲蛰龙历来重视教学实验基地的建设,总是强调生物科学是实验性科学,教导学生认识宏观的生物世界要从野外考察和实验开始。因此,

1957年，中山大学生物学系教师与苏联专家安德列安诺娃（前排右五）合影。

他和苏联专家一起，在广东省肇庆市鼎湖山上建立了野外昆虫生态教学实验基地，利用安德列安诺娃来华讲学的机会，先后组织举办了两届"高级(昆虫)生态研究班"，招收北京大学、复旦大学、武汉大学等国内大学年轻的生物学老师为学员，通过培训年轻骨干，让中国的昆虫生态学研究能够快步跟上。学员们经过两个学期的教学和实验，掌握了不少昆虫生态基础理论知识和实验方法，为我国早期昆虫生态研究打下了良好的基础。

  蒲蛰龙任职中山大学生物系后，认为生物系现有的实验设备比较落后，适应不了昆虫生态学研究的需要，希望能在中山大学建立一个设施完备的生态实验室。他

1959年3月，蒲蛰龙（左五）同中山大学生物学系老师和苏联列宁格勒大学格里逊教授（左六）合影。

的提议得到中山大学领导的重视和支持。当时中大缺少昆虫生态实验室建设方面的专家，安德列安诺娃教授说她不擅长搞生态方面的实验室，建议通过苏联有关部门另选派一名精通此道的专家来指导。1959年3月，在安德列安诺娃教授回国后不久，苏联派出列宁格勒大学昆虫生态学家格里逊（Gerrisin）到中山大学生物系讲学，并指导协助建立生态实验室。

在蒲蛰龙的主持和格里逊教授的帮助下，中山大学昆虫生态实验室建成了。这是我国当时设施比较完备的实验室，有一套全国唯一的可自动化控制、调节温度和光照的设备，也是国内最早的人工气候生态实验室。实验室的建设得到中山大学物理系、化学系、地理系的大力支持。1959年6月29日，中山大学专门为昆虫生态实验室的建成启用举行了隆重的庆祝仪式。中国科学院广州分院院长杜国庠、广东省教育厅厅长罗濬、中山大学校长许崇清和苏联驻广州商务办事处代表出席了庆祝仪式，许崇清校长在致辞中指出："实验室的建成，是我校和本省生物科学向现代化迈进的良好开端。"

　　中大昆虫生态实验室的投入使用，为加强中国昆虫生态学研究发挥了重要作用，校内外许多科研人员利用这个实验室进行分析研究，出了不少学术成果。其中最突出的例子要数柞蚕在湖南的饲养。经过昆虫生态实验室的数据研究和试验，解决了柞蚕滞育等问题，湘西养蚕试验取得了很大的成功。

　　1959年7月21日，中山大学第一届校务委员会成立，蒲蛰龙是委员之一。当天，在生物学系举行的科学研究报告会上，蒲蛰龙作为昆虫生态实验室主任作了《华南经济昆虫志》《黄条跳甲化学防治实验》《蜜蜂人工授精试验》等报告。1961年下半年，学校确定8个学科为科学据点（即重点学科），生物学系的昆虫学、植物学2个学科入选，为后来中山大学昆虫学成为国家重点学科打下了基础。1962年6月，经教育部批准，中山大学昆虫生态研究室成立，为部属重点研究室，蒲蛰龙为研究室首任主任。昆虫生态研究室的成立，为中山大学乃至我国的昆虫学研究开拓了更高的发展平台。

同一时期，蒲蛰龙的另一重要贡献是推动了中南昆虫研究所的成立。1958年9月28日，蒲蛰龙参与筹建的中国科学院广州昆虫研究所成立，并任所长。1961年，中国科学院华南野生动物综合考察队并入后，该所正式更名为"中国科学院中南昆虫研究所"，1972年改称"广东省昆虫研究所"。在蒲蛰龙的领导下，该研究所由最初只能开展昆虫等动物标本调查采集和白蚁防治工作，到了20世纪60年代，已经可进行野生动物分类利用、昆虫分类、有害昆虫生物防治、害鼠控制、白蚁分类和控制、资源昆虫利用等多学科研究工作。基于蒲蛰龙扎实严谨的工作作风，中南昆虫研究所打出了名堂，成为国内有实力、有影响的研究机构。1958年11月，蒲蛰龙指导广州昆虫研究所和中山大学昆虫室研究团队在广东顺德建立了全国第一个赤眼蜂繁殖站，开展利用赤眼蜂防治甘蔗螟虫的研究。1960年，蒲蛰龙主导的利用平腹小蜂防治荔蝽研究获得成功，中南昆虫研究所也因此在国内外声名远扬。

创建国内首个综合性大学昆虫学研究所

面对十年浩劫后"科学之春"的到来，蒲蛰龙满怀激情地投入教学和科研工作。1976年后，蒲蛰龙牵头与昆虫学专业的老师一起，把多年积累的研究成果编撰成

《害虫的生物防治》和《害虫生物防治的原理和方法》，由科学出版社分别于1977年和1978年出版。《害虫生物防治的原理和方法》作为我国第一部关于害虫生物防治的专著，被列为全国高等院校通用教材。该书对培养生物防治害虫领域的人才和指导生产实践、推动我国生物防治事业的发展起到重要作用。

由于"文化大革命"的影响，昆虫学科研人才奇缺、设备不足，严重落后，当时的昆虫学研究场地只有旧生物楼三楼、地下昆虫生态研究室和一楼东边的电子显微镜室。蒲蛰龙深感昆虫学研究工作难以跟上国家发展步伐，更遑论对接国际。1977年蒲蛰龙提出要建立中山大学昆虫学研究所，以加快人才培养、改善科研环境、增强研究力量。1978年7月15日，经教育部批准，中山大学昆虫学研究所成立，属于教育部的重点研究所，也是国内综合性大学中的第一个昆虫学研究所，蒲蛰龙担任首任所长。昆虫学研究所下设昆虫分类、昆虫生态、昆虫病理与病原微生物、昆虫生理4个研究室。当时昆虫学研究所下辖的昆虫标本馆有50多万件标本和200多个模式标本，标本数量在全国位于前列。随着昆虫学研究所的发展，还增加了应用昆虫学研究室。各研究室都拥有一批实力较强的研究人员，队伍建设得到加强，教学和科学研究工作得到了全面恢复并不断发展。

1979年4月，为了让昆虫学研究所的研究成果更

1978年,蒲蛰龙为中山大学昆虫学研究所题名。

好地发挥作用,蒲蛰龙创办了《昆虫天敌》杂志(2008年改名为《环境昆虫学报》),他亲自撰写了一系列有关昆虫研究和国内外昆虫学研究动态的文章发表在杂志上。该刊每期刊登研究论文、报告、科研学术活动综述等不同形式的文章,创刊不久就与海外20多个国家和地区保持学术交流,成为昆虫学研究的重要阵地,时至今日依然是昆虫学领域的核心期刊。

中山大学昆虫学研究所的建立是中大昆虫学发展中的一个重要转折点。在昆虫学研究所建立以前,中大昆虫学的仪器设备等都比较落后;建立以后,硬件和软件得到进一步的加强,并且集中了专题研究力量,促进了人才引进和研究课题合理分配。1982年10月以来,昆虫学研究所先后两次获得了世界银行贷款100多万美元,购买了透射电镜、扫描电镜等先进的实验设备,科研条件的改善使得昆虫病原微生物分子生物学、病原微生物杀虫剂研究等都有了很大进展。1985年12月,我国正式实施博士后制度,中山大学生物学学科获准建站,昆虫学是生物学流动站3个获准招生的专业之一。1987年,中山大学生物系利用世界银行第二批贷款的一部分建起了一栋4层楼为昆虫学研究所用(时为中大西南区414号,于2018年拆除),是学校重视昆虫学研究的表现。

昆虫学研究所还是中山大学在国际学术交流中的桥头堡,接待了来自英国、美国、法国、日本等国家考察团和联合国粮农组织的来访交流,组织、举办了多次国际学术会议。昆虫学研究所也致力于产学研结合,将科研成果转化为看得见的生产力。1997年,昆虫学研究所与广州市中达生物工程有限公司合作,以昆虫学研究所的科研成果为依托,共同开发斜纹夜蛾核型多角体病毒杀虫剂,生产和推广"虫瘟一号"等系列无公害生物农药产品。

创建国家重点实验室和中大生命科学学院

1988年8月,中山大学昆虫学科被评为我国首批重点学科,这是当时国内综合性大学中唯一一个具有理学性质的国家重点学科。1989年,经国家计委、国家科委和国家教委批准,在昆虫学研究所原有基础上筹建生物防治国家重点实验室,这是当时全校仅有的两座国家重点实验室之一。20世纪90年代，昆虫学学科在蒲蛰龙的领导下，成为中山大学"五星级"单位（即重点学科、博士点、博士后流动站、国内访问学者接收单位、国家重点实验室）。1991年10月，蒲蛰龙领导的昆虫学研究所被授予"七五"期间广东省高校科技工作"先进集体"称号。

1991年，中山大学出于国家发展的需要，成立了中山大学生命科学学院，作为创建者之一，德高望重的蒲蛰龙成为中山大学生命科学学院首任院长。

从1962年建立全校唯一的部属重点研究室昆虫生态研究室，到1978年建立昆虫学研究所，1991年创建生命科学学院，1995年生物防治国家重点实验室正式挂牌成立，无一不是凝聚着蒲蛰龙和中大昆虫学团队的心血与汗水。

蒲蛰龙去世后，生物防治国家重点实验室在庞义等继任所长的领导下，延续着蒲蛰龙"生物防治,造福人类"的精神。正如中国科学院院士、中山大学原校长许宁生在《南中国生物防治之父——蒲蛰龙院士》序里所写："生命科学学院的前身生物学系，与中山大学同龄，具有悠久的发展历史和深厚的文化底蕴，以蒲蛰龙院士为代表的一代代科学工作者，倾注自己毕生精力发展和壮大生命科学学院，为之奠定了向世界一流生命科学学院迈进的坚实基础。"

1991年11月10日，蒲蛰龙（前排右二）出席中山大学生命科学学院成立活动时与曾宪梓等人合影。

躬耕中国昆虫学研究

20世纪初期，我国从事昆虫学研究工作的专家屈指可数。邹秉文、邹树文、秉志、张巨伯、胡经甫、吴福桢等几位从国外留学回来的昆虫学先驱，于1924年成立"六足学会"，这是中国昆虫学会的前身。1927年六足学会改名为中国昆虫学会，张巨伯任会长。1931年，国立中山大学成立了昆虫学会，在农学院读书的蒲蛰龙、张景欧、尤其伟、杨邦杰、黎国焘等成为中山大学昆虫学会的创会会员。1936年，在国立中山大学农学院任教的张巨伯创建了广东昆虫学会。1937年蒲蛰龙从燕京大学回来后也加入了广东昆虫学会。但由于战乱频仍、时局不稳等原因,昆虫学会几乎没能发挥作用。

中华人民共和国成立后,1961年5月,蒲蛰龙成为中国昆虫学会第一届理事会理事。1962年11月,中国昆虫学会在广州召开学术讨论会,有16个省区市的200余代表参会,由蒲蛰龙负责的生物防除组收到论文37篇,主要是针对多择性天敌昆虫在生物防除实践中的作用、卵蜂的生物学与利用、气候与生物防除等。

1977年,广东省昆虫学会恢复工作,蒲蛰龙被选为第一届理事会理事长,并连任三届,第四至六届选为名誉理事长。改革开放后,在蒲蛰龙领导下的广东省昆虫学会,利用广东的区位优势,加强了与中国港澳台地区和国际科技界同行的学术交流,邀请和接待国内外专家到访交流,同时也不断组织中国学者到境外参加国际学术会议、讲学、科研合作和进修学习。

1978年12月,中国昆虫学会第二届理事会在广州召开学术年会,作为副理事长的蒲蛰龙在会上提交了《我国三十年来昆虫天敌的研究》等多篇文章,他在会上强调:"利用昆虫天敌防治害虫是先进国家当前防治害虫的一项重要措施。为实现我国的害虫防治现代化,从生物学科的各个领域去从事昆虫天敌的研究并结合有关应用学科的研究用于生产实践是十分必要的。"1982年

10月6—12日，中国昆虫学会第三届全国代表大会暨学术讨论会在南京举行，蒲蛰龙再次当选为副理事长。

蒲蛰龙也积极为昆虫学研究搭建学术平台。他主张科研工作者要积极写文章发表，让大家更好地互相学习交流："我们的科研工作不仅仅要理论结合实际，还要留下痕迹，做好了给大家借鉴学习，做不好也有个前车之鉴，总结经验教训，给后来者借鉴。"除了创办核心期刊《昆虫天敌》外，他还担任《昆虫学报》《中国动物志》《动物分类学报》等刊物的编委，为中国昆虫学和生物学研究作出了积极贡献。

助力学术交流与学科建设

1983年6月1—5日，蒲蛰龙应国家科委邀请参加了在江苏常州市召开的全国生物防治科技座谈会。他在会上谈到，我国天敌资源丰富，近年来各地在开展保护利用害虫天敌方面取得较大成绩，应该继续推广应用，要建立有关机制、出台相关政策。他和邱式邦、忻介六、赵修复等几位著名昆虫学家建议成立全国生物防治协调小组，大力发展我国的生防事业。

1983年10月8—12日，蒲蛰龙参加了在贵州贵阳召开的全国生物防治学术讨论会。蒲蛰龙在大会上作了"昆虫病理学研究"专题报告。在大会总结中，作为大会主持人的蒲蛰龙阐述了中华人民共和国成立以来在生防科研方面取得的主要成绩,指出当前工作中存在的问题,并用自己的切身体会提出五点希望:一是生物防治需要多学科合作,要团结有关学科的同志共同推进;二是要适应农村生产责任制的新形势,注意生防成果的推广应用;三是加强农林害虫生防研究的同时,要重视卫生害虫的生防研究;四是要加强基础及应用理论的研究;五是要注重培养人才。蒲蛰龙同与会代表讨论、草拟了1984—1990年、1984—2000年生物防治科技工作的两步规划。随后生物防治科技规划被首次列入"七五"国家科技攻关计划,推动了我国生物防治科技事业的发展。

1984年8月,蒲蛰龙率领中国昆虫学家代表团出席了在德国汉堡召开的第十七届国际昆虫学大会,在学术交流中大力宣传中国生物防治病虫害取得的成就。1986年11月10—15日,由国际有害生物生防组织及广东省昆虫学会共同主办的第二届国际赤眼蜂及其他卵寄生蜂学术讨论会在广州召开。蒲蛰龙作为主持人,又是在二三十年前就成功利用大卵繁殖赤眼蜂的科研人员,在大会上作了学术报告。比较其他国家在赤眼蜂研究和应用方面所取得的成就,蒲蛰龙感到我国的研究工作还有很大的差距:苏联在1985年利用赤眼蜂防治害虫的面积已有1530万公顷,而我国只有100万公顷;我国虽已有机械化生产赤眼蜂,但仍以手工操作为主,落后于苏联、法国等国家;在赤眼蜂行为学、质量管理的研究上也相对落后。因此，蒲蛰龙告诫大家："我们还需要更加努力工作，才能赶上世界先进水平。"

1986年12月11日，广东省昆虫学会在中山大学召开会议，庆祝广东昆虫学会成立50周年暨表彰从事昆虫学研究30年以上的会员，蒲蛰龙和利翠英都受到了表彰。1989年，蒲蛰龙当选为国际有害动植物生物防治组织东南亚分部理事。1990年8月5—9日，中国昆虫学研讨会在广州举办，蒲蛰龙是这次研讨会的筹备组组长和大会主席，他以自身影响力和人格魅力推动了此次会议的顺利召开。这次会议是中华人民共和国成立以来海峡两岸昆虫学家的首次大聚会。蒲蛰龙在学术研讨会开幕会上致辞："阔别了40余年的台湾和大陆的部

1990年8月，蒲蛰龙（左四）主持中国昆虫学研讨会。

分昆虫学家,今天有机会欢聚一堂,交流治学精神和科研实践的经验,并联络感情,对我们从事昆虫学教学和研究的人来说,是一件特大好事……今天,昆虫学的研究已达到了横向发展的时候,即结合多种有关学科,接受许多新观点,采用新方法去进行研究工作,其内容和范围更加丰富和更加扩大,其发展前途更加广阔,与人类的文明与进步将有更密切的关系。"蒲蛰龙还作了学术报告。这不仅仅是一次推动学界广泛交流的学术研讨会,更是一次中华民族团结奋进的大聚会。

1992年6月,广东省科协和中山大学联合举办庆祝"蒲蛰龙教授从事教学、科研五十五周年学术讨论会",以此颂扬蒲蛰龙全心全意为人民服务的精神以及他为广东科技事业的发展所作出的贡献。广东省委省政府授予蒲蛰龙"广东省杰出贡献科学家"称号。

1992年6月28日至7月4日,第十九届国际昆虫学大会在北京召开,这是国际昆虫学有史以来规模最大,也是我国承办的规模最大的国际学术会议。蒲蛰龙和他在美国明尼苏达大学的同学姜淮章、林昌善成为大会顾问委员,为这次大型国际学术研讨会召开提供了重要的学术支撑。

1995年4月,蒲蛰龙出席在广州召开的第六届全国杀虫微生物学术研讨会,并给大会题词"生物防治,造福人类"。这是他数十载从事生物防治的体会和心声。

1995年4月，蒲蛰龙为第六届全国杀虫微生物学术研讨会题词。

1996年12月20日，蒲蛰龙（前排左）出席广东省昆虫学会成立60周年庆祝大会。

1996年12月20日,广东省昆虫学会在广东省昆虫研究所举办了广东省昆虫学会成立60周年庆祝大会,大会向昆虫学界老前辈蒲蛰龙、利翠英夫妇和赵善欢、刘秀琼夫妇表示崇高的敬意,并颁发了荣誉证书,赠送了纪念品。

推动生态环境保护和可持续发展

生态环境问题涉及自然资源的保护、开发和利用,也关系到人类的生存环境与发展前景。20世纪40年代以来,化学防治逐渐成为害虫防治的一种重要手段,因其品种多、收效快、方法简便、杀虫谱广且药效高,又不受地域和季节限制,化学防治迅速推广到全世界。然而,广谱农药的滥用导致有害生物产生了抗药性,农药在杀伤害虫天敌的同时,也不可避免地对农产品、空气、土壤、水域等产生污染。蒲蛰龙则一直倡导并用实际行动维护农林生态系统平衡,强调要走可持续发展的道路。他是我国最早运用生态平衡理论指导实践的科学家,是倡导生态文明发展的先驱。

在20世纪后半叶,随着人类与自然关系的调整,生态可持续发展成为不可忽视的命题。1972年6月16日,在瑞典斯德哥尔摩召开了第一次联合国人类环境全体会议,通过了《联合国人类环境会议宣言》,由此揭开了人类共同保护环境的序幕。1974年11月,我国在广东韶关举办了全国农作物主要病虫害综合防治讨论会，蒲蛰龙在大会上介绍了开展水稻害虫综合防治的成功经验。1975 年，中国正式提出了"预防为主，综合防治"的植保工作方针，生物防治科技得以快速发展。1979 年 12 月 1 日，中国生态学学会成立。1980 年，国家级独立生防研究机构成立。1982 年中国昆虫学会第三届理事会会议中，明确设立"生物防治专业组"，蒲蛰龙作为主要负责人，带领专业组的专家积极开展昆虫学研究活动。

我国是全球农林业有害生物为害最严重的国家之一。作为改革开放的前沿阵地，广东在经济领跑全国的同时，也是最先面对如何解决环境保护与经济发展的矛盾。1980 年，针对广东生态环境恶化问题，中共广东省委在全省扩大会议上明确提出了"要重视我省自然生态平衡"的指示。此后，广东省科协主席蒲蛰龙以省科协的名义，联合省农委、省科委、省林业厅及省市科学院等单位，共同召开了生态研究方面的专家学者座谈会。他向省政府提交的报告中，提出"拟建议省科协成立广东省生态学会，推动生态系统的科学研究，把学术活动和科普工作尽快开展起来"。广东省政府于 1981 年 1 月 22 日印发了这个报告。

1981 年 6 月 28 日，由蒲蛰龙任筹备主任的广东省生态学会正式成立，参加会议的专家学者 160 余人，大会选举蒲蛰龙为第一届理事会理事长。蒲蛰龙在会上作了"生态学概念"的学术讲座。他从生态学的最早定义，讲到近50年来，随着科学技术的迅速发展与学科交叉，生态学已形成了不少分支学科。他以"珠江三角洲的果基鱼塘、桑基鱼塘及蔗基鱼塘三种生态系统的演替"为例，说明生态系统不是静止的，而是一个生态系统可演替另一个生态系统。"在自然界里，我们要保存和恢复生态系统中对人类有利的东西，并且要利用和改造生态系统，使之朝着人类的要求和福利的方向而发展。"他强调维护生态平衡的重要性，希望新成立的广东省生态学会能充分发挥专家学者的作用，开展生态科学知识的宣传教育，为保护生态平衡、促进可持续发展作出贡献。

在蒲蛰龙任广东省生态学会理事长的3年多时间里，他组织学会专家采用跨学科的方法，从生态系统退化和恢复的机理、监测、评价技术探讨入手，推进专题研究和专项规划。他亲自带头到佛山等市进行生态科普，主讲生态发展问题，还率领广东省科协和广东省生态学会专家到香港考察生态环境保护情况。1991年6月28日，纪念广东省生态学会成立10周年大会在广东科学馆举行，蒲蛰龙亲自为大会题词"了解自然，利用自然，改造自然"。

对广东省自然资源和生态环境保护问题，蒲蛰龙一直是非常关注的。当生态环境、生态平衡遭到严重破坏时，他常常会挺身而出，直抒己见。1981年3月，在蒲蛰龙的领导下，广东省生态学会筹委会组织了两个生态科学考察团，一是针对海南岛生态平衡遭到破坏的问题赴海南进行生态考察，二是针对珠江三角洲河口区生态环境遭到破坏导致水产资源日趋减少的问题进行考察。两个调研考察都得到省市各级领导的重视和支持，珠江口生态考察报告更是在1981年7月13日《羊城晚报》的头版头条上刊登了消息，产生了很大的影响。

针对南岭自然环境遭受破坏问题，蒲蛰龙联合22位教授专家于1993年3月16日，向广东省有关部门提交了"关于建立南岭国家级自然保护区的论证意见"，说明"南岭是广东的天然屏障，南岭自然保护区是南方生物物种的发祥地和集中地……是我省乃至我国、全人类的宝贵生物遗产，在世界同纬度地区大都已成为沙漠地带的今天，加强南岭自然保护区的建设和保护管理，具有世界意义"。广东省政府采纳了这一意见，在南岭成立省级自然保护区。1994年，经国务院批准，成立广东南岭国家级自然保护区。

1994年，针对深圳福田红树林鸟类自然保护区有关单位不够重视红树林湿地保护，任意破坏占用保护区土地，并在核心地段建污水处理厂，影响和破坏了红树林带完整性和海岸生态平衡的情况，蒲蛰龙与16位生态专家联名向广东省人大常委会呼吁要"保护福田绿色长城"，提出了 8 个方面的论证内容和 3 点建议，对保护濒危珍稀植物、珍稀鸟类及整个生态系统提供了对策。

1987 年，国务院环境委员会公布了《中国自然保护纲要》。1992 年 6 月 3—14 日联合国在巴西召开环境与发展大会，提出了人类"可持续发展"新战略和新观念，中国等 148 个国家签署了《生物多样性公约》，并同时制定了《中国生物多样性保护行动计划》。1998 年 11 月，国务院公布了《全国生态环境建设规划》。2000 年 12 月，国务院又下发了《全国生态环境保护纲要》，把我国生态环境保护推向新的高度。可见蒲蛰龙保护生态环境、促进可持续发展理念的正确性和前瞻性。

德高望重的蒲蛰龙秉持着科学报国之志，满怀着爱国爱民之心，潜心学问，毕生耕耘，亲力亲为地带领研究团队推动了广东乃至全国有害生物防治、昆虫学和植物保护学的发展，为我国生态文明建设作出了卓越的贡献。

第四篇 多面开花

蒲蛰龙不仅是一位享誉国际的科学家，还是一位德高望重的教育家。他学风正派，言传身教，为国家培养了大批人才。

他学识渊博，谈吐大方，在国际学科交流舞台上从容优雅，犹如一位风度翩翩的外交家。

他才华横溢，琴技高超，小提琴演奏独具风采，被中大师生们誉为「农学院的马思聪」。

第十一章　德高望重的教育家

尽心尽力　爱生如子

蒲蛰龙平易近人，又颇有童心，喜欢与年轻人打成一片。学生们都亲切地称他蒲先生或蒲生。早年，蒲蛰龙在农学院任教，他的学生和年轻老师都喜欢到蒲蛰龙家里小聚，尤其是庞雄飞，他经常约上卢永根、张维球、吴维光等同学一起到蒲蛰龙家，一边吃着糖果花生，一边听蒲蛰龙讲故事。他们特别喜欢听蒲蛰龙讲西方国家的学科动态和趣事。同学们在谈笑风生中增长了知识，到了开饭时也顺便在老师家里吃上一顿香喷喷的饭。

星期天或节假日，蒲蛰龙常常带学生到野外采集昆虫标本。有时候天气不好没有外出，蒲蛰龙就在学校里教他们手绘昆虫图案，制作各种教学和实验用具。

蒲蛰龙是出了名的爱生如子。那时候教授的工资相对较高，蒲蛰龙没有自己的孩子，也没有后顾之忧，他对贫困学生常常伸出援手：庞雄飞没钱交学杂费，蒲蛰龙为他担保；张维球家里有困难，蒲蛰龙帮忙解决；甚至有的老师因家里孩子多，还要供养父母，蒲蛰龙也同样无私地给予资助。

1951年,庞雄飞响应国家号召,在海南岛垦荒种橡胶,结果熬坏了身体,咳嗽得厉害。蒲蛰龙知道后,想起小时候父亲就是用川贝、蜜糖炖鸡蛋治好他的咳嗽的,就请家人每天炖蛋给庞雄飞吃。听人家说吃什么药好,就又吩咐家人煮什么药,并把家里钥匙交给庞雄飞,叮嘱他课后抽空到家里吃药。这件事令庞雄飞铭记终生。庞雄飞一直以老师为榜样,专心从事生物防治和昆虫分类研究,最终结出了丰硕的研究成果。师徒俩先后成为中国科学院院士。1998年春节期间,笔者前往庞雄飞教授家中拜访时,庞院士详细讲述了他和蒲蛰龙近半个世纪的师生情缘,最后饱含深情地说:"我永远忘不了恩师的教诲,也一直以他为榜样,我一家三口都是从事生物防治研究工作的,我们现在所做的都是蒲先生未竟事业的延续。"

中华人民共和国成立后的很长一段时间,还没有实行正式的研究生学位制度。蒲蛰龙招收的第一个研究生叫郑汉业,是1952年本科毕业的。1953年农学院病虫害系本科毕业生中,黄竞芳和邓德蔼成为蒲蛰龙的研究生。蒲蛰龙自己编写教材,按照研究生的培养标准严格要求他们,分别指导郑汉业、邓德蔼、黄竞芳完成研究生毕业论文《水稻害虫的寄生蜂》《赤眼蜂研究》《稻瘿蚊研究》。他们日后均成为中国生物防治领域的佼佼者。

1955年10月，邓德蔼研究生毕业后留校，成为蒲蛰龙的助教，继续协助他开展繁殖赤眼蜂及引进澳洲瓢虫、孟氏隐唇瓢虫等害虫防治研究工作。黄竞芳则被分配到北京农学院工作，日后成为昆虫学家。邓德蔼结婚时，年轻夫妇囊中羞涩，捉襟见肘，蒲蛰龙把邓德蔼看作自己的女儿，高高兴兴地替她在家里张罗婚宴，邀请亲朋好友，喜宴热闹非凡，令人难忘。40多年后，当邓德蔼和林浪跟笔者说起蒲蛰龙时，夫妻俩言语间还满溢着感激。婚后不久，邓德蔼跟随爱人调到黑龙江农垦学院工作，把她跟随蒲蛰龙学到的以虫治虫等生物防治知识带到北大荒去，在那里开展生物防治害虫科研教学工作，1984年才调回到广东省农垦学院任教。

　　1970年，中山大学生物学系招收了第一批工农兵学员。第一批进来的学生文化水平参差不齐，有高中生、初中生，也有小学毕业生。如何因材施教，是横亘在学校老师面前的一道难题。蒲蛰龙也被安排为这些工农兵学员上课。他尽力把学科知识通俗化、形象化，为的是这些基层推荐上来的、受教育程度不同的学生能学懂、弄通。时任蒲蛰龙和利翠英助手的卢爱平记得，其中有一名来自海南岛的学员符玉莲，她只读到小学三年级就回乡务农，基础很差。尽管进入中山大学生物系后她刻苦努力，但学习始终无法跟上来。蒲蛰龙看在眼里，经常同她耐心讲解，同时也吩咐卢爱平老师给她"开小灶"。

广东省政协原副主席王珣章在海南国营西联农场工作时，因工作积极表现好，于1973年被推荐入读中山大学生物系昆虫专业，1976年毕业后被分配回海南岛的华南热带作物学院任教。1978年国家正式恢复招收研究生，蒲蛰龙被批准为中山大学第一批研究生导师之一。这一年，蒲蛰龙应邀前往华南热带作物学院讲课并指导工作。这所学院里，有不少的老师和研究人员都是中山大学生物系毕业的学生，其中有3位直接跟蒲蛰龙说，准备报考他的研究生，其中一位就是王珣章。当时某领导直接找到蒲蛰龙，说千万不要录取王珣章，批评他学虫不爱虫，不积极要求进步。但蒲蛰龙带着助手卢爱平多方了解，认为王珣章虽然是工农兵学员，但他是在广州华侨补校毕业后作为优秀知青被推荐入读中山大学的，在校期间刻苦学习，有很好的科研基础，而且工作期间还能潜心读书，是一个不可多得的人才。在1978年研究生考试后，蒲蛰龙录取了包括王珣章在内的6名研究生。

1980年，英国牛津大学有一个博士研究生的名额，蒲蛰龙力排众议，推荐了王珣章报考。王珣章不负众望，考上了牛津大学研究生院，专攻昆虫病毒学，并于1984年获得牛津大学病毒学博士学位后回到中山大学任教。在王珣章出国留学期间，蒲蛰龙多次写信关心、鼓励他，并把他在国外发表的论文复印给国内同行参阅。1984年

1984年，蒲蛰龙（左三）、利翠英与王珣章（左一）、古德祥在中山大学生物楼前合影。

11月，中国昆虫学会成立40周年庆祝大会暨学术讨论会在北京召开。这时王珣章刚从英国回来，若论资排辈，在中大昆虫学研究所他无法出席这样高规格的会议。但蒲蛰龙为了让王珣章了解国内外昆虫学科近年来的发展情况，极力主张让他参加这次会议，并在会上把王珣章介绍给国内外著名的昆虫学家。在蒲蛰龙心目中，他是看重王珣章的，也热切希望他与北京大学的陈章良一南一北，成为我国杰出的生命科学家。王珣章也不负众望，回国后埋头科研，成果突出。他在病毒基因工程和分子生物学领域中建树颇丰，使我国昆虫病理学研究达到了一个新的高度。

蒲蛰龙每年都收到很多学生来信,有请教的,更多的是感谢、问候和祝福。一封封来信,仿佛孩子向父母的汇报和倾诉。在广西工作的壮族学生甘杰来信写道:"您像慈母般关怀我们成长,曾记得1974年的春节,是您和师母一道把我们外省籍未能回家过年的同学迎进家门一起过年,为我们准备了丰盛甜美的糖果,还热情地给我们表演了小提琴独奏……琴乐声、欢笑声伴随着我们一起度过了愉快的节日……"逢年过节,蒲蛰龙夫妇都会请留校的外地学生来家里相聚。这些暖心的日子成为学生们永久的回忆。

对出国深造的学生,蒲蛰龙常常写信关心、勉励。他的学生曾虹在加拿大多次来信,感谢蒲蛰龙对她在学问、英语等方面的教导。一封信中写道:"当我还在小学的时候,我父母就常跟我讲起您们,他们十分敬重您们,尤其是我的母亲,她很是以能成为蒲先生的学生而自豪。他们的这种心理,深深地影响着我。与您们的直接接触,更增加了我对您二老的敬重之情,身为大教授,您们是那么地和蔼可亲,平易近人……"原来,曾虹的母亲陈熙雯也是蒲蛰龙的学生,在母亲的影响下,曾虹从小喜欢动物,日后也如愿成为蒲蛰龙的博士研究生。身在加拿大的学生谢伟东和何代芬来信说:"很高兴收到您的来信,您在百忙之中还关心着我们,虽然我们身在国外,仍感受到长辈的关怀和温暖,有幸成为您的学生,那是我们的幸运。"学生杨平均的信中说:"我很感激教过我的老师,从读小学到读研究生,从中国到美国,在众多的老师之中,您是非常关键的一位,因为是您决定了我的学习、工作方向……"

学生柯昭喜一直珍藏着蒲蛰龙送他的一支精美圆珠笔。1985年底,蒲蛰龙的硕士研究生柯昭喜毕业后被分配到中国科学院动物研究所工作,一年后再考回中山大学,跟随蒲蛰龙读博士研究生,从事昆虫病理学研究。后来蒲蛰龙眼睛疲劳发炎、坐骨神经痛,要到学校医院做理疗,但还是坚持看完他那本厚厚的博士论文。柯昭

1988年7月,蒲蛰龙在细胞培养室指导博士生柯昭喜。

喜知道后十分感动，也为让老师受累而愧疚。1989年毕业前夕，柯昭喜申请到美国亚利桑那大学进行博士后研究工作。蒲蛰龙得知他办理出国护照时遇到困难，还出面帮忙。在他出国前夕，蒲蛰龙请他到家里吃饭，送给他一支精美的、从美国带回来的金色圆珠笔。

正如蒲蛰龙的得意门生、中山大学昆虫学研究所原所长、生物防治国家重点实验室原主任庞义说的："认识蒲先生的人，无不感到他不但是一位才高八斗、学贯中西的著名科学家，而且是一位和蔼可亲的长者，是一位相见恨晚的良师益友。我为能成为他的学生而感到骄傲和自豪！"在60年的科教生涯中，蒲蛰龙潜心治学，悉心育人，在高校和科研院所为国家培养了大批出类拔萃的专业人才。1950—1960年，他培养了9名研究生；1978年后，培养了19名硕士生，19名博士生，1名博士后。蒲蛰龙的学生中，有的成为中国科学院院士、大学校长，有的成为学科领头人，在不同的岗位上为国家发展竭忠尽智。

惜才爱才　薪火相传

蒲蛰龙对"填鸭式"的教育和死记硬背的学习方式深恶痛绝，他认为这种教育方法不利于培养学生独立思考的能力和开放包容的知识视野。尤其是在科学技术日益发达、学科间相互交叉、边缘科学不断涌现的时代，要把自己专长的学科知识融会贯通,就需要进行大量横向的学习,借助其他学科知识解决综合性问题。蒲蛰龙教育学生也秉持这样的理念,常鼓励学生:"所谓的无限风光在险峰,就是说科学无止境。我们要胸怀大志,勇攀高峰,才能够取得丰硕的研究成果,才能更好地为社会服务。"

中山大学生命科学学院教授贾凤龙回忆起备考蒲蛰龙的博士生期间:"我曾向蒲先生咨询过一些昆虫学问题,蒲老很少直接回答,而是推荐或直接给一些书目资料,要求自己看后理解总结。这对后来工作中遇到问题进行处理十分有益。"攻读博士期间,贾凤龙在蒲蛰龙的指导下从事昆虫牙甲科分类研究。"当时关于牙甲分类的资料很缺乏,大多是蒲老早年用打字机打印的资料,各种文字的文献都有,阅读十分困难。蒲老一方面向我推荐世界上从事牙甲分类的学者,并对他们的工作进行评述。另一方面,将他收藏的意大利文、德文、法文和拉丁文词典借给我用。只要他有的资料,绝不吝惜,因此,我的论文得以顺利完成。"

九三学社广东省委会原主委、广东省昆虫研究所原研究员黄明度是蒲蛰龙的学生,提起广东省昆虫研究所的创建、发展历程和自己的成长经历时,他颇为激动地说:"蒲先生从来都是我们的良师益友。"当初做繁殖平腹小蜂防治荔枝害虫试验时,要参考很多外文文献资

1972年12月,蒲蛰龙(中)指导大学生查阅文献。

料,而中南昆虫研究所的年轻研究员大多英文基础薄弱,看不懂外文资料。蒲蛰龙一边指导他们做实验研究,一边组织他们学习英文,亲自教他们学习;对个别不认真学习、得过且过的年轻人,蒲蛰龙也是语气平和但毫不客气地批评。无论是在当年的农学院,还是在中山大学昆虫学研究室,蒲蛰龙都是主动帮助年轻老师学习英语知识,以便他们能阅读借鉴国外先进科技成果。

蒲蛰龙深知,科学家是一个方面的专才,也会有知识盲点。即使没有上过大学的工人、农民,只要有一技之长,蒲蛰龙都主动取经。1958年,全国掀起"除四害"

爱国卫生运动热潮。蒲蛰龙参加了广东省召开的全省第一次科学工作会议，在会上听了新会籍人士李始美对白蚁防治研究的报告后，心潮澎湃，马上请他到中山大学来，向他请教白蚁防治的问题。

在与李始美的交谈中，蒲蛰龙了解到他只读到初中一年级，但经过刻苦自学和实践钻研，已熟练掌握了有效除治白蚁的方法，是新会县会城防治白蚁专业队队长，远近闻名的白蚁防治专家。蒲蛰龙深知防治白蚁的重要性和必要性，因此非常重视这个难得的人才，决定破格聘请李始美为中大生物系昆虫专业老师。

1958年5月，《红旗》杂志发表了题为"科学并不神秘"的社论，其中报道了防治白蚁的"土专家"李始美的事迹。中国科学院专门邀请李始美给北京数百名科学工作者作《白蚁的研究和防治方法》的报告，并正式聘请李始美为专职研究员。

看到国家对李始美的重视，蒲蛰龙更加坚定了聘请他当中山大学昆虫学教研室研究员的决心。1958年6月22日的《人民日报》头版刊登了一则通讯报道，提到"中山大学20日决定，聘请白蚁专家李始美为中山大学生物系昆虫学教研组的教授……蒲蛰龙对李始美的成就给以极高的评价，他准备和利翠英教授协助李始美完成关于白蚁问题论文。"在蒲蛰龙力荐之下，李始美正式成为中山大学生物系昆虫教研室的教授。

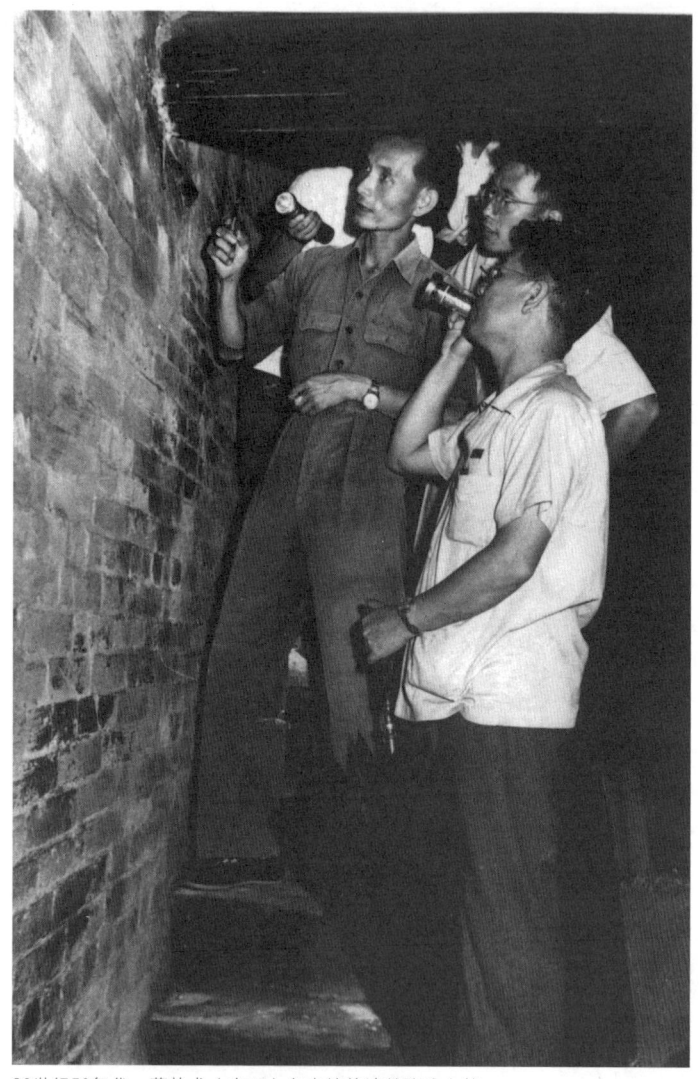

20世纪50年代,蒲蛰龙(右下)向李始美请教防治白蚁。

蒲蛰龙注重生产实际，虚心听取有实践经验者的意见。在四会大沙公社开展综合防治水稻害虫试验时，杀螟杆菌是个重要项目。蒲蛰龙听说梅县建新大队有农民"土专家"在杀螟杆菌菌种的选择及毒力的测验方面有实践经验，就两次同古德祥等登门拜访、学习。蒲蛰龙记得他的老师丁颖 1942 年在粤北办学时写过一篇《纯粹科学的农学观》，批评那些学到一点农学知识就推翻农民"经验农法"的人。丁颖把群众经验总结为理论以充实自己的学说的做法，令蒲蛰龙极为钦佩，他一直以老师为榜样。

"文革"期间，为了响应大学"开门办学"的要求，中山大学生物系也安排学生到东莞、四会大沙、乳源等地办学。1974 年 5—6 月间，中山大学安排生物系的华立中、古德祥和陈振耀老师带着昆虫学专业 72 级学生到广东省乳源县天井山林场进行为期一个月的"开门办学"。6 月 12—14 日，63 岁的蒲蛰龙不顾年过花甲，由徐利生老师陪同他前往地处粤北偏僻深山的天井山林场看望在此办学的师生们，令带队老师和同学们大为感动，也极大地鼓舞了老师们的教学积极性。在天井山林场，蒲蛰龙亲自为师生们上了一堂"昆虫分类"专题课。"那堂课既是一堂昆虫学分类的基础知识课，更是一堂高水平的专业课，内容丰富精彩，蒲老师生动的讲述使师生们受益匪浅，也成为我从事昆虫分类工作的指南，

1973年,蒲蛰龙(第一排左八)与高等学校恢复招生后毕业的第一届昆虫学专业学生合影。

令我至今记忆犹新。"当年的年轻老师陈振耀说起往事,仍沉浸在美好的回忆中。1975年,在全国"学朝阳农学院"的号召指引下,学校要求昆虫学专业招收"社来社去"试点班,并在蒲蛰龙开展生物防治试验的四会县大沙公社"开门办学"。当年的10月15日,生物系学习班全体师生前往大沙教学基地(现四会市大沙中学)办学,蒲蛰龙在开学典礼上讲话,他热切希望同学们学好本领,为农业生产服务。

蒲蛰龙常说:"当教师的,一定要设法让学生超越自己,否则,国家的科学技术就不可能向前发展。"他的教学生涯中无一不贯彻这一理念。1982年2月11日,蒲蛰龙作为中山大学副校长在研究生开学典礼上指出:

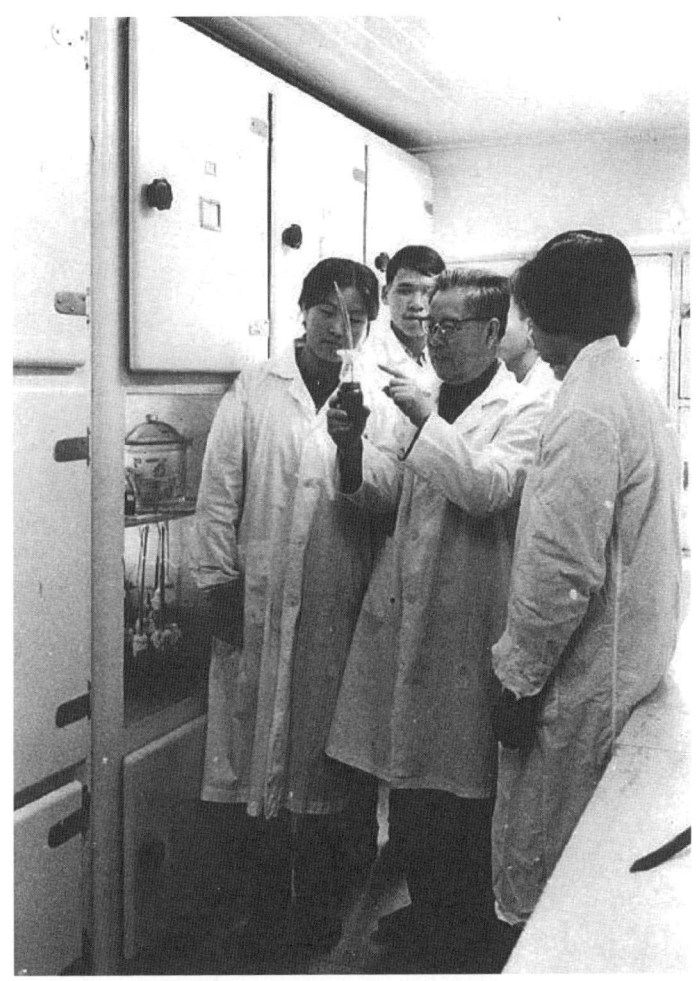

1975年，蒲蛰龙在光温控制室指导学生进行生态实验。

"对授予学位的标准,要求不低于各先进国家同等学位的水平,而且应有所超越,还要在学位制度上应具有中国特点。培养的研究生必须保证质量,把保证质量问题放在首要的地位来考虑。"并对中山大学研究生提出了三点要求。他对待自己培养的研究生,更是朝督暮责,要求学生绝不能得过且过。为促使中青年教师和研究生多读书,拓宽知识面,蒲蛰龙和学生约定每学期阅读若干篇文献,每周举行文献报告会,他自己带头作学术报告。学生们对这一指导形式评价颇高,后来古德祥教授回忆道:"这对促进人才的成长起了良好的作用。"

蒲蛰龙一向热心青少年工作,积极倡导科普工作。为使青少年受教于大方之家,蒲蛰龙应邀出席了不少青少年科技教育活动,到少年宫为儿童讲科普知识。在小朋友心目中,他是一位和蔼可亲、令人尊敬的科学家爷爷。蒲蛰龙认为,我国科学技术的进步与发展,有赖于青少年素质的提高。因此,在工作之余,他为青少年教育撰写了不少文章。例如在《和青年们谈谈生物学问题》里,他向青少年介绍生物的宏观世界和生物学的微观世界;在《求学岁月的回忆》中,他讲述了从初中到大学、研究生及出国留学的整个求学经历和人生感受,读者从中看到一位勤奋、爱国的科学家的成长历程。1985年,蒲蛰龙为《第二课堂》杂志撰写了《野外科学活动是学习生物学不可缺少的方式》,鼓励青少年们多到大自然去观察野外生物,在增长知识的同时,还能激发对祖国大好河山的热爱之情。1986年,蒲蛰龙与于光远、苏步青等科学家一起,共同为当代大学生丛书《著名科学家谈智力开发》撰文,他在《开发智力 学好本领》中着重讲述自己在大学和研究生9年的学习生活,以此说明这个阶段是智力发展的黄金时代,希望年轻人珍惜年华,勇攀科学高峰。1992年,蒲蛰龙再应《第二课堂》之邀,撰写了《少年随想录》,讲述自己青少年时代对大自然的认识与自己人生理想的形成,其中写道:"科学兴国的理想就像山间的流泉悄悄地渗进我少年的心灵,成了我一生的追求。几十年光阴弹指一挥,回首人生路,好像登高望远,平坦也罢,崎岖也罢,只要心中有一个明确的目标,坚韧地走下去,就一定能够领略到属于每一个人的生命奇观。"这就是蒲蛰龙终其一生践行科学报国的心路历程。

  蒲蛰龙发表的文章以及到各大中小学校讲课,几乎都是将科学教育和爱国教育寓于其中。1990年12月19日,广东省青少年科学基金会成立,蒲蛰龙当选为董事会常务董事、副董事长,他在成立大会上的讲话中指出:"作为一个老科技工作者,在经历了新旧两个中国、几十年做学问的经历中,我深深体会到'国运昌则科技兴''国运昌则教育兴'。回想我们在青少年时代求学时,国家内忧外患、民不聊生,哪里谈得上振兴科技、振兴教育，多少有为的青少年想成才报国，却历经坎坷不能如愿。再看今天，国家这么重视青少年的培养和教育，社会上这么多人士关心和支持青少年科技活动，我由衷地感到高兴。"这也是蒲蛰龙热心青少年教育的缘由和心声。1991 年 9 月 26 日，他荣获"广东省关心青少年科技教育工作者"称号。

受蒲蛰龙的教诲和感召，很多学生都以老师为榜样。1990 年 1 月 31 日，吴武从美国写信来："学生有幸得到恩师错爱，能顺利完成我的大学和研究生学习，能在昆虫所继续为昆虫学做点努力，并能以赴美攻读学位，虽肝脑涂地，也难以回报恩师对我关怀教诲之情，愿以恩师所嘱'努力学习，为中国昆虫学的发展作贡献'为勉。"1992 年 6 月 2 日，广西农科院的李青、孙恢鸿来信写道："蒲先生不但给我们打开生物学科的知识大门，指点我们探讨自然的奥秘，认识和掌握自然的规律，去为生产、为提高人民生活水平服务，而且在对生活中真善美的追求中、对祖国对党的无限热爱、对同志对人民的宽容和谅解、关切和爱护的精神，对工作的实事求是、坚持真理，正是我们的良师，我们的学习榜样。"

在蒲蛰龙人格魅力的感召下，国内外不少同行学者都希望能在他身边工作、学习。中山大学生态学院副院长、生物博物馆馆长庞虹教授，从小受父母庞雄飞、李丽英影响，十分崇敬蒲蛰龙，本科就坚定地选择华南农业大学的昆虫专业，在成长过程中也一直受到蒲蛰龙、利翠英的关怀和引导。她追随着父辈的脚步，围绕昆虫的分类学、遗传学、基因组学等展开科研，是昆虫物种多样性和瓢虫群体基因组学的专家。她还积极开展生态环保科普知识宣传。从庞虹的身上，可见蒲蛰龙的科研精神和事业薪火相传，后继有人。

蒲蛰龙的研究生、中山大学食品与健康工程研究院原院长刘昕教授一直牢记并践行导师提出的生物综合防治、生态平衡等理念。近30年来，他带领研究团队探索脱贫致富与生态可持续发展途径，坚守科研第一线，做了很多开创性的工作，例如在西藏海拔4156米的色季拉山和青海海拔4400米的玉树治多县高寒草甸建立中山大学科学工作站，开展冬虫夏草高产示范与资源可持续发展试验研究等。这也是对蒲蛰龙保护生态环境和可持续发展理念的传承。

2002年6月，中国科学院院士、中国科学院上海生命科学研究院研究员尹文英为蒲蛰龙诞辰90周年纪念题词"治学育人院士楷模，德高望重风范长存"，道出了大家对蒲蛰龙的敬仰与怀念之情。

第十二章 风度翩翩的"外交家"

改革开放后首批赴美讲学学者

蒲蛰龙自 1949 年从美国归来后,一直都在国内从事教学和科研工作,对外的交流合作机会甚少。改革开放后,我国加强了对外交流,科学界、教育界的国际学术交流活动增多。

蒲蛰龙是中美建交后中国正式派出的第一批前往美国讲学的十位学者之一。1979 年 7 月 11 日,美国科学院美中学术交流委员会给蒲蛰龙发来邀请函,邀请蒲蛰龙于 1979 年 10 月前往明尼苏达大学等 5 所大学讲学,并邀请利翠英作为蒲蛰龙助手,一同前往。

10 月 20 日,蒲蛰龙夫妇从北京机场乘机前往法国巴黎,转机到美国纽约,再转飞华盛顿。21 日下午,中国驻美国大使馆郭一清等亲自前往华盛顿机场迎接蒲蛰龙夫妇。10 月 22 日下午,他们乘坐飞机前往明尼苏达州,蒲蛰龙在明尼苏达大学的旧友姜淮章和林世平两夫妇到机场迎接。

10 月 24 日上午,蒲蛰龙在明尼苏达大学生物系开讲第一堂课,由生物系主任韦勒(Weller)主持。开场10分钟,蒲蛰龙先介绍了中国地理及现状,接着讲述中华人民共和国成立以来的农林作物害虫生物防治工作及成就,包括对天敌昆虫、捕食螨、蜘蛛、病原微生物及食虫脊椎动物的研究和利用,并提到中国古代劳动人民运用生物防治方法治理害虫的经验,配合讲课内容放了10张幻灯片。生物系的师生们听得全神贯注,不时发出会心的笑声和掌声。

从10月26日到11月8日,蒲蛰龙在明尼苏达大学进行了多场讲课、演讲和学术交流活动,内容主要围绕中国的害虫生物防治、害虫天敌保护和综合防治水稻害虫等科研实践成果展开。在11月1日举办的欢迎晚会上,明尼苏达大学赠送给蒲蛰龙一枚铜质纪念勋章,表彰他对明尼苏达州农业作出的重要贡献。另赠送给利翠英一枚明尼苏达大学纪念奖章。

在明尼苏达大学讲课之余,蒲蛰龙和利翠英在校园重温他们30年前读书时的美好时光。两人沿着当年在研究院读书时的足迹,在校园里故地重游,到曾经住过的地方、常买东西的商店。蒲蛰龙夫妇还见到了读书时的老房东舒贝尔(Shuber),激动地谈起很多往事。

美好的时光总是稍纵即逝,转眼又是离别时。11月10日上午7时,姜淮章和林世平两家人依依不舍地接送蒲蛰龙夫妇到明尼苏达机场,他们将前往得克萨斯州。

1979年10月,蒲蛰龙和利翠英在明尼苏达大学万泉桥旁。

11月12—16日,蒲蛰龙到得克萨斯农业及机械大学讲课,受到副校长阿德基松(Adkisson)、昆虫系主任马克斯韦尔(Maxwell)和师生们的热情接待和欢迎。蒲蛰龙分别为该校昆虫系、生物系的师生讲了在四会大沙公社开展水稻综合防治害虫实践及利用细菌、真菌、病毒等防治害虫的经验,并与昆虫系、生物系教授进行学术交流。

11月12日,马克斯韦尔博士热情地领着蒲蛰龙夫妇到昆虫系参观,向蒲蛰龙夫妇介绍了得克萨斯州的农业生产及害虫防治情况。在电子计算机实验室,蒲蛰龙看到研究员用数学模型来预测害虫的发生和防治,并利用电子计算机演算，他敏锐地意识到这项技术的重要性。蒲蛰龙还与搞病毒研究的教授马克斯·萨默斯（Max Summers）交谈，并随他参观了学校的其他三个实验室。

在参加得克萨斯农业及机械大学安排的参观及交流活动中，蒲蛰龙认识了不少专家学者，还有从中国台湾来的张喜屏、王清澄等研究生。他们在一起座谈交流，蒲蛰龙高超的学术水平与温和的模样让人忍不住亲近。

11月19日上午，蒲蛰龙夫妇到达内布拉斯加大学林肯分校，受到校长罗恩·罗斯肯斯（Ron Roskens）及副校长等人的接待。下午的昆虫学科研座谈会上，蒲蛰龙夫妇和该校的专家学者一起交流害虫防治经验。当晚，校长夫妇宴请蒲蛰龙夫妇，蒲蛰龙拿出中山大学校长李嘉人托他带来的一套瓷器茶具送给校长，大家交流了各自学校教学科研等相关情况。第二天，蒲蛰龙在内布拉斯加大学主讲中国的害虫生物防治，并参加了学校举办的生命科学研讨会，参观了生物系和电镜室。当天晚餐后，华人教授陈炳杞请蒲蛰龙夫妇和几位外国教授、华裔学者一起到他家，众人都期待着有关中国的消息。蒲蛰龙侃侃而谈，他对祖国的未来充满信心，热情邀请大家到中国来，体验改革开放带来的新的变化。

11月21日上午，蒲蛰龙接受了林肯市电视台记者的采访。记者提出了关于中国人民公社的生活、高校科研情况、中国现状等问题。蒲蛰龙长期在高校里做教学和科研工作，但他的科研成果大多应用在农林生产实践上，因此对人民公社及乡村生活情况都非常了解，在演讲或回答记者提问时泰然自若，有如一位风度翩翩的外交家，充满自信地微笑，大方得体地一一作答。

11月22日，学校心理学系负责人奥涅德·伯纳坦（Oanied Bernatein）和他妻子邀请蒲蛰龙夫妇参观心理学实验室，还带他们到林肯市区游览。当天是感恩节，奥涅德·伯纳坦热情邀请蒲蛰龙夫妇到家中做客，还请来朋友一起过感恩节。他们在喝咖啡聊天时，有几位朋友玩起音乐，有的弹钢琴，有的吹笛、唱歌，气氛活跃。蒲蛰龙也拿起小提琴即兴演奏了《新疆之春》，一时间清新明快、喜庆祥和的乐曲萦绕整个客厅。大家都惊讶于蒲蛰龙居然还有这么一手小提琴演奏绝活。

11月26—27日，蒲蛰龙夫妇在科罗拉多州参加了美国昆虫学会1979年年会。生理生化组讨论会上，在联合国工作的殷云铭对蒲蛰龙夫妇说，1949年他到美国做有关白蚁激素的博士论文时，曾以利翠英写的前胸腺论文做参考。在这里有幸遇见作者，殷云铭向利翠英深深地鞠躬致谢。在这次年会上，蒲蛰龙夫妇遇见了许多老朋友，如中国科学院动物研究所研究员翟启慧（中国近现代生物学主要奠基人秉志的女儿）、南开大学生物系主任萧采瑜的朋友塞勒（Sailer）等。异国他乡，故友重逢，相见难得，众人都欢欣鼓舞。不管他们是从中国大陆、港澳台地区来的，还是在美国出生的华人，大家都非常怀念祖国。

1979年11月28日一早，蒲蛰龙夫妇离开丹佛希尔顿酒店乘巴士到机场。飞往佛罗里达州的航程上，通过机窗能看到许多湖泊、河流及大片的树林、田野，一道道美景在阳光的照射下美不胜收，喜欢拍照的蒲蛰龙被深深地吸引住了，他不时取出相机，拍下了一幅幅美景。

11月29—30日，蒲蛰龙在佛罗里达州大学为生物系的研究生和全体教师讲课，主讲中国的害虫生物防治和综合防治，并在课后进行研讨交流。学校请蒲蛰龙为佛罗里达州大学专题研讨班的教师讲课，到场的人很多，原来预定的一个课室已经坐不下了，临时扩大到两个课室。听课的教师中有四五位是从中国台湾来的，他们对蒲蛰龙的课非常感兴趣，两次讲课后的互动都很热烈。大家问了很多问题，包括中国大陆现况、大学和科研情况等，蒲蛰龙都一一作答，并真诚地希望大家到大陆来亲身体验。

12月1日，蒲蛰龙夫妇于傍晚6时到达密执安州首府兰辛市。他们受到密执安大学学校领导和系主任的热情接待。蒲蛰龙应邀为老师们讲中国的人民公社、生物防治害虫、高等教育情况等，课后互动环节热烈。在海恩斯（Haines）和贝克（Baker）两位教授的陪同下，蒲蛰龙参观了密执安大学的学生宿舍、电镜室和相关工作室,详细了解了利用计算机预测害虫的研究,还交流了很多他感兴趣的话题。12月5日,蒲蛰龙夫妇受邀前往参观美国农业部在奈尔斯的一个谷类叶甲寄生虫实验室,农业部的一位工作人员详细向他们讲解了美国农业害虫防治的一些先进做法,令蒲蛰龙觉得此行收获颇丰。

1979年12月8日,蒲蛰龙夫妇圆满完成了在美国的讲学行程,并于当天下午回到华盛顿,中国驻美国大使馆的王兴中、郭一清等人来机场接机。蒲蛰龙在燕京大学的老同学毛应斗教授知道他们来,已在酒店门外等候多时,大家一起到中餐馆吃饭聚谈。10日还安排了到美国农业部的研究中心参观,结束后从华盛顿出发经法国巴黎转机回国。

在美讲学期间,蒲蛰龙夫妇除了参观五所高校的各类昆虫实验室、研究室、电子显微镜实验室外,还参观了美国农业部别士维尔昆虫病理研究机构,得克萨斯州、佛罗里达州和密执安州的害虫生物防治及综合防治研究室,详细了解美国防治农业害虫的先进做法。蒲蛰龙从与各方人士的交流中,感受到他们对中国国情与改革开放的关注。尤其是中国同胞,他们虽然身在海外,但时刻心系祖国,期待着祖国发展强大。

赴美讲学访问后,蒲蛰龙和利翠英撰写了一份详细的报告给中山大学,主要谈了几点认识和体会:一是所到各州，无论是大学或昆虫科研机构，都极力设法减少化学杀虫剂的使用，可见国际上对生态环境保护的重视；二是电子计算机已广泛应用于昆虫学研究，普遍用于制定昆虫生态的环境保护，尤其是生态系统的数学模型；三是要重视抗虫育种工作，针对高粱、玉米等农作物，美国已经育出了有价值的抗虫品系并投入生产；四是美国热心探讨学科上有苗头的新事物；五是美国希望与我国交换活的昆虫天敌及害虫生物防治研究报告；六是国内的昆虫实验室或研究室的设备普遍落后于国际水平，建议配置完备的实验仪器设备。这份报告字字精华，为我国生物防治事业的发展指明了方向。

此后，古稀之年的蒲蛰龙依旧积极参与国际学术会议，广泛展开国际学术交流。

1980年5月12—15日，中山大学副校长蒲蛰龙应美国波义斯汤普生植物研究所微生物防治害虫资源中心的邀请，出席在美国纽约州伊萨卡康奈尔大学举行的"用微生物治理害虫"会议。蒲蛰龙在大会上作了《中国微生物防治害虫概况》报告，并与同行探讨学术，与会者对他的学术报告连连赞叹。

1984年8月20—26日，蒲蛰龙以团长身份率领中国昆虫学家代表团应邀出席了在联邦德国汉堡市举行的第十七届国际昆虫学大会，并在专题讨论会上宣读学术报告。在会议期间，他还应邀到法兰克福大学动物系等

1984年8月,蒲蛰龙(前排左一)以团长身份率领中国昆虫学家代表团参加第十七届国际昆虫学大会。

单位访问。

蒲蛰龙以高质量的学术水平、儒雅和善的学者风范赢得国际盛誉,人们称赞他不仅是杰出的科学家和教育家,更像一位风度翩翩的"外交家"。

广结学术善缘

随着改革开放的深入,中山大学加强了对外交流,为提高教学质量,扩大学校在国内外的学术声誉,中山大学先后与中国香港、澳门、台湾地区,美国、加拿大、日本、澳大利亚、英国、法国、德国等20多个国家和

1981年6月11日，蒲蛰龙（前排右一）代表中山大学接待美国纽约市立学院代表团。

地区的知名大学、学术机构和团体建立了学术交流关系，签署了交流协议。蒲蛰龙于1979—1984年担任中山大学副校长期间分管研究生管理和外事工作，因此也承担了接待国际友人的工作。

20世纪80年代，蒲蛰龙代表中山大学接待了美国、加拿大、英国、法国、日本、苏联等国家和地区来访或讲学的科技、教育考察团，以及联合国粮农组织、联合国环境保护署、世界银行专家组等代表团成员。

此外，还有不少专程前来拜访蒲蛰龙的国内外专家学者，包括他在海外留学的同学、师友及学生，不计其数。

在接待过程中,有两件事给蒲蛰龙留下了深刻的印象。

一是中山大学邀请美国夏威夷比什普博物馆研究员、新几内亚生态学研究所所长嘉理思于 1982 年 4 月 21—25 日前来中山大学生物学系讲学。嘉理思曾于 1939 年和 1947 年在岭南大学任教,他对我国主要动物分布十分了解,为我国鉴定过许多天牛科及叶甲科的种属,发现了许多新属新种,出版了相关专著。蒲蛰龙与嘉理思都是昆虫分类的专家,也是多年好友。此次嘉理思在中大讲课,蒲蛰龙全程陪同。嘉理思在中山大学连续做了 3 场专题学术报告,在广州的学术活动结束后,应广西植物研究所的邀请赴广西讲学。谁知,飞机在桂林附近上空失事,嘉理思及夫人不幸遇难。听到这不幸的消息后,蒲蛰龙哀恸大哭。他执笔撰写了《悼念嘉理思博士》,把嘉理思的科研成就和此次邀请嘉理思来中山大学讲学的经过记录下来,对学术挚友骤然离世的悲痛之情和缅怀之思跃然纸上。这篇文章刊登在 1982 年 5 月 14 日《南方日报》第 2 版。多年后,蒲蛰龙说起此事时,依旧是黯然神伤。

二是 1984 年 6 月 30 日,蒲蛰龙代表中山大学接待了美国圣塔克拉拉大学电机工程及计算机科学系主任陈树柏。陈树柏是应广东省副省长王屏山、深圳市委第一书记梁湘的邀请,前来商谈筹办一所中国实验大学的事宜。当天上午,由蒲蛰龙主持,陈树柏在中山大学怀士堂作了题为"筹办实验大学的构想以及中国的硅谷设想"的报告。

陈家和蒲家可谓世交。陈树柏的父亲陈济棠和蒲蛰龙的父亲蒲春榆既是老乡又是老友,当年蒲春榆为陈济棠指点迷津并治好了他的病,陈济棠治粤期间委任蒲春榆为陆海丰盐场场长,两人交谊甚笃。蒲、陈两家后人也是缘分颇深,都以国家发展为己任,蒲蛰龙毕生以科学报国为志,而陈树柏历尽艰辛在美国硅谷创办国际科技大学,招收的几乎都是中国学生。

20世纪80—90年代,蒲蛰龙虽年事已高,但在教学科研之余,还积极参与外事往来和接待工作。他一直关注着国外学科发展的趋势,与国内外学界同行保持着密切联系,为推动学科的交流、促进师资建设、强化人才培养、增进中外了解和友谊,起到了积极而重要的作用。

第十三章　技艺高超的小提琴家

生命中的重要乐章

科学家的生活并非一些人想象中的那样呆板无趣，爱因斯坦、钱学森都是钢琴高手，蒲蛰龙也是一位水平高超的小提琴演奏家。

小时候的蒲蛰龙颇有音乐天赋，拿起别人的口风琴就能摇头晃脑地吹出一首好听的曲子。进入广州执信中学读书后，父亲蒲春榆看出儿子对音乐的喜爱，经朋友介绍，让蒲蛰龙跟着邓炳奎学习小提琴。邓炳奎曾在美国的一支大乐队当小提琴手，擅长小提琴、大提琴和钢琴。他从美国回来后，先在广州市区西门（现广州市中山六路与人民路交界一带）一家琴行开班授课，后在广州儿童公园附近（现广州中山四路靠近北京路段）开设琴行，一边教学生学琴，一边做乐器生意。据蒲蛰龙说，音乐家冼星海、何安东都曾跟随邓炳奎学小提琴，蒲蛰龙最早使用的小提琴也是从他的琴行里选购的。

初中三年，蒲蛰龙基本每个星期日都会来跟邓先生学习小提琴，后来也学钢琴，每天至少要练习两个小时。

蒲蛰龙的小提琴。

此后,即便时间紧、功课多、工作忙,蒲蛰龙也一直坚持练习,从未间断。演奏小提琴已成为他生活中不可或缺的、令他心灵愉悦的精神寄托。

在国立中山大学农学院读书期间,蒲蛰龙加入了"娓娓音乐社",并在1932年12月10日该社成立的音乐会上表演了小提琴独奏,引来大家交口称赞。

蒲蛰龙在燕京大学的同学唐冀雪还记得读研期间,蒲蛰龙一般下午5点下课后就开始练习小提琴。"优美的奏鸣曲和莫扎特协奏曲吸引着同学们,琴声悠扬,也引来了许多爱好音乐的朋友。听阿蒲的琴声,大家都很高兴,觉得是一种享受,但学校举办的联欢会,他却从未上去表演过，把演出的机会留给了其他同学。"在导师胡经甫的家里或同学们外出郊游采集标本的宿营地里，蒲蛰龙的小提琴演奏都是美好时光的保留节目。

抗日战争时期，国难当头，蒲蛰龙随着学校迁徙各地，而小提琴的乐声从未断绝。他和马思聪等人组成中山大学抗日宣传队进行抗日演出，他的小提琴已成为鼓舞士气、坚持抗战的武器。在坪石办学期间，学生们成立了多个社团，积极开展抗日宣传工作，丰富师生文化生活，蒲蛰龙都积极参加这些活动。1941年5月24日，为纪念中国语言文学研究会成立10周年，学校在礼堂举行"蒲蛰龙先生小提琴演奏会"以示庆祝，琴声悠扬，演奏精彩，吸引了众多师生。

蒲蛰龙在美国明尼苏达大学攻读博士学位期间，分别在该校音乐系和明尼苏达州音乐学校选修小提琴课程。遇有高水平的音乐会，蒲蛰龙都尽量前往观赏学习。明尼苏达大学有自己的乐队，每逢周末或节庆活动时就在校园里演出，也邀请名家到学校表演。蒲蛰龙最喜欢的小提琴家，美国籍奥地利小提琴家、作曲家弗里茨·克莱斯勒（Fritz Kreisler）就曾到明尼苏达大学演出。1947年暑假时，匈牙利一支四重奏乐队来明尼苏达大学演出并开班授课，蒲蛰龙马上报名参加了他们举办的培训班。这个培训班收徒有严格的规定，要有10年以上琴龄才有资格选进来学习。蒲蛰龙在这个学习班里学了很多曲目及系统的演奏技巧、乐理知识。

在美国求学这三年多的时间里,蒲蛰龙在音乐系学习进修中,听了不少著名音乐家的课。在名师指导下,他的琴艺日益精湛,演奏水平提高很多。

蒲蛰龙除了喜欢拉小提琴、弹奏钢琴外,也喜欢听音乐,尤其是古典音乐。他喜欢莫扎特、贝多芬、舒伯特、柴可夫斯基等名家作品,贝多芬的《春天奏鸣曲》《英雄交响曲》《第九交响乐》,舒伯特《死与少女》《鳟鱼》《小夜曲》等名曲,他都百听不厌。优美的乐章愉悦了身心,也提高了智慧。

人们常说,艺术细胞发达的科学家,其创造性思维也比常人强。创造性与艺术性的完美结合,成就了艺术大师与科学巨匠的美好人生。

首届"羊城音乐花会"露锋芒

中华人民共和国成立之初,在广州的音乐人不多,擅长小提琴演奏的更是凤毛麟角。蒲蛰龙与何安东、李育蒙等几位小提琴爱好者偶尔相聚,一起交流琴技。广东省音乐家协会成立后,蒲蛰龙成为音协会员、音协理事,后来还加入了中国音乐家协会。当时的广东省音乐家协会会员中,大多是戏剧界人士,玩西洋音乐的极少。

在国家刚刚结束三年经济困难之时,1962年3月,在广东省委的大力支持下,广州市举办了第一届"羊城音乐花会"。这是中国音乐界继"北京音乐周""上海之春""哈尔滨之夏""天津市音乐周"之后的又一盛会。该音乐会从3月3日至18日，历时16天，参演团体除广东本地的音乐家外，还特邀了中央音乐学院、中央乐团以及上海、天津、江苏等省市的音乐工作者，演出50场，参演人数多达2700余人。中国音乐家协会主席吕骥、副主席马思聪和贺绿汀、周巍峙、李焕之、赵沨、江定仙等音乐界著名人物都参加了活动。蒲蛰龙也应邀参加了首届羊城音乐花会演出。

蒲蛰龙被安排于10日上午在南方戏院演出。当主持人说"请中山大学研究昆虫的蒲蛰龙教授表演小提琴独奏"时，会场一片哗然。大家迫不及待地想知道大科学家的演奏水平。蒲蛰龙步履稳健地走上舞台，先后演奏了马耀先、李中汉的《新疆之春》和舒伯特的《小夜曲》，前者明快潇洒、豪爽奔放，后者优柔婉转、美妙激荡，在场众人听得如痴如醉。蒲蛰龙倾注情感的演奏与娴熟优美的琴艺，瞬间征服了众多音乐爱好者。观众掌声如雷，好评如潮，人们纷纷议论："原来大科学家也是大艺术家！"

音乐会后，有记者采访蒲蛰龙："你是个搞科学的，天天与虫子打交道，怎么会与音乐结缘呢？"蒲蛰龙说，他每日早晨习惯拿起小提琴来迎接新的一天，为了不影响别人，先是小声地练，7点以后再大声练，拉一个小时琴才精神焕发地走进实验室和教室。在实验室里还有一把琴,"工作疲劳的时候,我会拉上十几分钟,直到音乐的旋律卷走了疲倦,我又回到我那些心爱的虫儿中间去"。

1962年举办的首届羊城音乐花会,是广东音乐创作和表演精品汇聚的盛会。趁着羊城音乐花会的余温,1962年3月22日,中山大学成立了"中山大学室内乐组",成员有小提琴和钢琴爱好者,大家都推举蒲蛰龙

1962年3月10日,蒲蛰龙在第一届"羊城音乐花会"上演奏小提琴。

担任组长。每到周末，成员们集中在中山大学小礼堂演出。余音绕梁的快乐周末，成为老中大人美好的回忆。

晚年时，蒲蛰龙常常怀念起马思聪。他曾跟笔者说，1950年至1966年马思聪在北京担任中央音乐学院院长时，曾多次回广州。马思聪喜欢入住爱群大厦，每次回来，他都会邀请蒲蛰龙到爱群大厦一聚。他们有着共同的爱好，都在海外学习过，1937年后也一同在国立中山大学任教，一起参加抗日救亡演出。说起马思聪的音乐成就，蒲蛰龙打趣道："如果我不是搞了昆虫研究，我拉小提琴不比他差。"音乐是他生命中不可或缺的重要内容。他还教会了夫人利翠英弹钢琴，也曾教过农学院一些爱好音乐的学生拉小提琴。在闲暇之余或亲朋相聚，这一对科学家夫妇，会在家里合奏小提琴与钢琴。好一对琴瑟和鸣、鹣鲽情深的夫妻！

在蒲蛰龙的珍藏里，有一张1988年1月20日由中国音乐家协会广东分会颁发给他的从事音乐逾40年的荣誉证书，上面写着："蒲蛰龙同志：您从事音乐工作逾四十年，为祖国音乐事业作出贡献，特发荣誉证书，以资纪念。"蒲蛰龙把证书复印给笔者时曾骄傲地说，在他众多的证书中，这张荣誉证书最为特别，也是他最喜欢的一张证书。

1992年，蒲蛰龙在家弹钢琴。

第五篇 人间烟火

蒲蛰龙出生于清末民初一个仕宦家庭,自幼接受良好的教育。他立志科学报国,与大学同窗利翠英结成志同道合的人生伴侣,他们相亲相爱相知,也互相成全,利翠英更是倾力相助,成就了蒲蛰龙辉煌的科研事业。生活中的蒲蛰龙谦和内敛、儒雅从容,是大家心目中的"好好先生"。

第十四章　家庭与生活

父母亲情

据蒲氏族谱记载，蒲家开族于四川，蒲氏先辈自太高祖对山公迁居钦州，到蒲蛰龙这一辈，已经是第10代了。蒲蛰龙的曾祖父蒲自标，生有三个儿子：家霖、有芳、汝芳。有芳是蒲蛰龙的祖父，只生一男丁，名昌荣（又名春榆、春如），正是蒲蛰龙的父亲。

蒲春榆先后娶了三位夫人，蒲春榆的第二位夫人是蒲蛰龙的母亲李贤，她是大户人家的女儿，人如其名，贤良淑德。蒲春榆在云南任职时，李贤生下了蒲蛰龙，是蒲家第10代的长子嫡孙，也是蒲春榆和李贤唯一的孩子。

蒲春榆从小熟读"四书五经"，精通中医。他为人善良慷慨，无论是达官贵人，还是平民子弟，都一视同仁，用丰富的从政经验为他人指点迷津，用精湛的医术为乡亲治病，因而名闻四方，受到人们的尊敬。蒲春榆学识渊博、谦逊恭谨，对蒲蛰龙从小严格要求。而母亲李贤虽是家庭妇女，但知书达理，温柔敦厚。父母对蒲蛰龙的性格和为人处世影响甚大。

蒲春榆曾在防城县、北海警察局、琼崖行政公署临高县等部门任职,与申葆藩、白崇禧、陆荣廷、陈济棠、邓本殷、陈维周、郭文辉等桂系高官有着密切的联系。1925年,蒲春榆带着家人到广州生活,得到陈济棠帮助,任广东海陆丰盐场场长。同时,他也在广州市连新路附近开设医馆,悬壶济世。1938年,日本袭击广州前夕,蒲春榆带着家眷到广州市郊南海盐步避难。后来眼看着南海也守不住了,才又回到老家钦州,最终回到龙门港。靠着剩余积蓄,蒲春榆在老家买了几亩地请人耕种,自己继续行医,养着一家老小。1951年农历三月二日,蒲春榆在家乡龙门港去世。蒲蛰龙的母亲李贤在丈夫去世

20世纪60年代初,蒲蛰龙母亲李贤在中山大学。

后，1961 年随儿子在广州中山大学生活了一段时间，后回到家乡钦州，1965 年在老家病逝。

妻子利翠英

1911 年利翠英出生于越南海防市一个华侨商人家庭，祖籍中国防城县。利翠英从小聪明好学，1925 年回国后曾在广州市立师范学校和江苏省立南京女子中学读书，由于高中毕业成绩突出，获学校颁发的"金钥匙"奖，可以在全国七所大学中任意选择一所大学就读，她为了家人选择了国立中山大学。1931 年秋，利翠英入读国立中山大学农学院，与蒲蛰龙同班。

1935 年，利翠英在农学院以总平均分第二名的成绩获得国立中山大学学士学位，仅次于蒲蛰龙。大学毕业后，蒲蛰龙考上燕京大学胡经甫的研究生，利翠英也前往燕京大学研究院生物学部进修学习。1936 年秋，利翠英前往南京，在昆虫学家秉志创办的中国科学社生物研究所学习，1937 年 7 月回到国立中山大学农学院任讲师，1942 年被评为副教授。

在抗战的艰苦年代，利翠英陪伴着蒲蛰龙随国立中山大学迁徙，患难相随，休戚与共。1942 年元旦，历经 10 年爱情长跑的蒲蛰龙和利翠英终于在农学院所在地栗源堡结婚。抗战时期，物资短缺，生活艰辛，他们没有请客吃饭，也没有登记和公告，利翠英只是把简单的随

1931年的利翠英。

身行李搬到蒲蛰龙的小房间里。从此,他们相濡以沫了一辈子。

　　蒲蛰龙夫妇1949年10月从美国回来途经香港时,利翠英在香港生活的妹妹利敏跟随他们一同回到广州,共同生活。利敏手巧,蒲、利二人的日常生活几乎都是她照料的,他们穿的衣服也大多是利敏亲手裁剪缝制的。蒲蛰龙除了两套从美国带回来的西服用于公务接待、出席重要活动时穿着,平常就穿利敏量身裁缝的衣服。可惜,1987年中秋节后第二天,利敏不幸在广州因病去世。

　　1949年11月,蒲蛰龙和利翠英回到广州后,一起在国立中山大学农学院任教。利翠英1951年任教授,1952年院系调整时留在华南农学院工作,1956年9月和蒲蛰龙一起调到中山大学生物系从事教学和科研工作。

利翠英是昆虫组织及胚胎学家，是我国昆虫胚胎学研究领域的开拓者，她在昆虫形态、昆虫生理、昆虫胚胎、昆虫超微结构与功能等研究上有很高的造诣。1948年她发表在《美国昆虫学会会刊》上的论文《十三种鳞翅目幼虫前胸腺的比较研究》，首次提出该腺体是一种内分泌腺，得到国内外学术界公认，推动了关于昆虫前胸腺生理作用及生物化学研究的发展。利翠英还长期致力于昆虫学教学与人才培养，主讲昆虫学、昆虫解剖与生理、昆虫结构与功能等课程，撰写和发表了很多重要的论文。

蒲蛰龙、利翠英不仅是相敬如宾的恩爱夫妻，还是事业上的最佳拍档。昆虫胚胎学是害虫治理与益虫繁育的基础，该学科分支肇始于19世纪末期，20世纪40年代在国际上已有较好研究基础，但中国的相关研究却甚是薄弱。为改变我国在昆虫胚胎学的落后局面及昆虫管理与利用的需要，利翠英比较系统地深入研究了蜜蜂、蓖麻蚕、广赤眼蜂、日本平腹小蜂等重要经济昆虫的胚胎发育。当蒲蛰龙进行利用赤眼蜂防治甘蔗害虫等试验时，利翠英从胚胎学角度入手，通过研究"赤眼蜂的个体发育及其对寄主蓖麻蚕胚胎发育的影响"，首次发现了广赤眼蜂在胚胎发育过程中，有发育阶段的脱落、消失及发育过程简化和缩短等现象，明确了胚胎反转期之前的蓖麻蚕卵才适合广赤眼蜂的繁殖。这些研究结果为大卵繁蜂提供了重要的理论依据，为害虫生物防治技术的推广应用作出了重要贡献。20 世纪 70 年代，蒲蛰龙带领团队研究利用核型多角体病毒防治斜纹夜蛾，利翠英也积极参与，团队的研究取得实效并获得"国家教委科技进步奖"二等奖，利翠英随后也发表了《斜纹夜蛾幼虫血细胞形态及病变的超微结构》《斜纹夜蛾幼虫感染核多角体病毒的组织病理研究》等论文。

无论蒲蛰龙是在实验室或深入山区，利翠英一直默默地守候身旁，动荡年代为他遮风挡雨，科研路上为他锦上添花，功成名就为他鼓劲喝彩。他们没有孩子，把学生当成是自己的孩子来关爱。他们对待生活条件要求不高，一把美国留学带回来的剪刀，互相理发，一晃几十年；家具也是最简朴的。而在工作上，他们全力以赴，

1977年秋，蒲蛰龙与利翠英在广州麓湖边。

1992年,蒲蛰龙、利翠英在珠江边漫步。

1997年11月，利翠英到医院看望蒲蛰龙。

相互支持，把科学研究、教书育人、报效祖国当作人生最大的追求与乐趣。

　　1994年中秋节前夕，利翠英夜间起来不小心摔倒，股骨骨折住院治疗。由于手术后的应激性精神障碍，出院后她患上严重脑退化。尽管如此，她始终把蒲蛰龙放在第一位。特别令人动容的是，1997年蒲蛰龙生病住院时，利翠英每天清醒的时候都坐着轮椅在家里到处找他，找不到就问保姆琼姨。琼姨告诉她，先生去开会了，她就在客厅里坐着等，困了就睡着了。后来中大昆虫学研究所派人陪同她到医院看望蒲蛰龙。去医院时，她执意要将一个黄色的小闹钟随身携带。这个小闹钟是1994

年利翠英摔倒住院时，蒲蛰龙买来给她随身带着看时间用的。即便闹钟已经停摆多时，利翠英也一直将它带在身边。蒲蛰龙看到妻子也很感动，他们开心地摩挲着对方的手，问长问短。蒲蛰龙离世后，利翠英几乎都在卧床养病，直到2004年8月29日去世。

"好好先生"

蒲蛰龙一辈子专注于科学研究和教书育人，对生活要求很低，一碟猪肠粉、一碗苹果汤足以令他心满意足。

认识蒲蛰龙的人，都说他不仅是一位学识渊博、温文尔雅、平易近人的科学家，更是一位心地善良、有大情怀的"好好先生"。无论是面对抗战年代的艰苦，还是中华人民共和国成立之初的物资短缺，蒲蛰龙对同事、学生都是关爱有加，他乐于接济贫困学生，颇有轻财重义的君子作风。

作为昆虫分类学权威，蒲蛰龙经常收到国内外学者寄来的信件或昆虫标本，请他指教或帮忙鉴定，他都认真地一一回复。即使在晚年他的眼睛不好使了，也依然通过显微镜为中国科学院动物研究所等单位和个人做水生甲虫鉴定。

翻看蒲蛰龙收到的信件，除了问候信，更多的是科研工作者或学生向他请教问题，或是年轻学者咨询报考他的硕士、博士研究生，他几乎都是亲自回信的。例如蕉岭县良种繁育场技术员李妙泉因柑橘黄龙病严重而写信向蒲蛰龙请教；《茂名日报》记者要编辑茂名绿化史，询问当年蒲蛰龙是如何通过澳洲瓢虫治理防风林虫害。还有不少来自全国各地的农业技术员的来信，蒲蛰龙并没有因为他们只是普通农业技术员而轻忽；相反，他觉得来自地方的尤其是农村、农民的信，更要重视。有些学生因夫妻分居调动工作、因专业不对口调动单位等事情请蒲蛰龙帮忙，他都会竭尽所能。实在帮不了的，他也会回复："非常抱歉，我未能帮到你。"而事实上，得到蒲蛰龙帮助过的人不计其数。

苦中作乐一书生

蒲蛰龙长期深入农村调查研究，不怕脏不怕累，与群众打成一片，切实解决"三农"问题。他在下乡考察调研和做科研实践中，留下了很多故事。

1969年冬，蒲蛰龙和中山大学生物系师生在东莞进行繁殖平腹小蜂防治荔枝害虫的试验。通常情况下，蒲氏夫妇都是一起外出考察调研的。但这一次，利翠英要留在学校做繁殖平腹小蜂的科研工作，没有随大队过来。蒲蛰龙每天都要打电话给利翠英报告生活和科研情况。一天，在东莞黄村的蒲蛰龙要到城里给利翠英买布做衣服。青年教师庞义说要陪他去，蒲蛰龙不想麻烦他人，还答应帮老师们在城里买肥皂等生活用品。于是，蒲蛰龙独自坐公共汽车到城里去了,回来后却两手空空。大家很是奇怪,蒲蛰龙不好意思地说:"说起惭愧,我没带钱,买不到肥皂,也没买到布料,布已剪好了,但没带钱。"大家看他狼狈尴尬的模样既想笑又不敢笑。后来蒲蛰龙打电话给在中大的利翠英,请她把钱汇过来后,才去把布料买了回来。

1975年1月6日,蒲教授听说四会县仁马大队有大片堤围外耕地,为了解决大沙越冬虫源和天敌资源的问题,他和大沙公社麦宝祥骑单车直奔仁马大队。当行至欧屋小桥时,蒲蛰龙的自行车碰到堆放的大土堆,连人带车跌下大坝。幸亏当时河坝干涸无水,蒲蛰龙也没弄伤手脚,只是衣服上沾满了泥巴,眼镜也丢出去老远。大家赶紧把他扶起,他戴回眼镜后还笑着说:"不要紧,没事,在学校里还不易碰到呢!"

蒲蛰龙的平易近人是有口皆碑的。不管是同行学者、工人、农民还是学生,不管男女老少,"上到伯爷公,下至鼻涕虫"都可以和他谈得来,都喜欢和他交朋友。对待工作,他无分贵贱,和大家分工合作;对待生活,他朴素节俭,从不考究,更不提要求。1982年3月17日,《中山大学学报》以"领导带头,大家动手——全民文明礼貌月上半月我校成绩显著"为题作报道称:"在1982年3月6号下午,中山大学有7300多人参加了搞卫生劳动……临近古稀的蒲蛰龙副校长谢绝大家的照顾，也回到生物系同师生们一起参加劳动。"

科学家眼中的美食

1958年，蒲蛰龙和研究团队在广东顺德北滘公社建立了全国第一个繁殖赤眼蜂的生物防治站，为此，他经常往返于广州与顺德之间指导工作。顺德以美食闻名，顺德厨师做的猪肠粉（一种广东特有的手工布拉蒸米粉，因卷起来形如猪肠而得名）特别美味，是蒲蛰龙和妻子最喜欢的食品之一。每次蒲蛰龙到顺德讲课或开展活动，回广州前，都不忘买一袋猪肠粉带回家给利翠英。

20世纪70年代，蒲蛰龙和中山大学生物系师生在四会大沙工作。当时物资短缺，大沙的卫生状况也很糟糕。在食堂吃饭时，往往人还没到，苍蝇已盯上了。一开始，学生们看到趴在菜盘子上的苍蝇还以为是黑豆豉，吃饭用的碗筷也被污染了，饭后不少人拉肚子。蒲蛰龙告诉庞义，要去买大量的蒜头回来，说吃蒜头能杀菌，每顿饭前都请大家先吃点蒜头再吃饭，既可预防肝炎，也能避免拉肚子。果然，此招一出，师生们拉肚子现象减少了。

那时候少肉少菜少油，大伙的营养跟不上，也没有进口奶粉。最早的国产大庆牌奶粉是1970年后才开始生产的，不容易买到，一般人也根本买不起，蒲蛰龙就请利翠英想办法去买袋装的大庆牌奶粉，分一些给年轻老师，说劳动出力出汗，要多补充营养，庞义等年轻老师心里都暖洋洋的。蒲蛰龙在大沙工作时，当地的干部和群众都非常关心他的日常饮食，生怕老教授吃不好、饿肚子。有时候蒲蛰龙到各大队进行田野调查，当地村干部知道后总是留他吃饭，有的专门从河里抓来新鲜的鱼，更多时候是拿出家里的鸭蛋煮青菜。教授与农民共吃一锅饭，成为大沙群众心中永远的回忆。

改革开放后，人民生活有了很大的改善。一天，肇庆地委副书记关立和四会县委副书记梁继成来大沙检查农业生产情况。关书记听说蒲蛰龙来两天了，还一直猫在大沙微生物厂指导工作，马上叫司机去接蒲蛰龙回公社饭堂吃饭。梁继成亲自在厨房指导煮三杯鸡，把鸡切块，放花生油、酱油、米酒一起煮熟。这顿饭令蒲蛰龙印象深刻。晚年他受疾病折磨，骨瘦如柴，没有胃口吃饭，还笑着对笔者说梦里闻到三杯鸡的香味。

大家知道蒲蛰龙夫妇喜欢吃水果，去看望他们时一般都是带着葡萄、苹果、香蕉等水果上门。节假日前来看望他们的朋友送来的水果就更多了。尽管大部分水果都被夫妇俩送给学生，但有些依然来不及吃，烂掉了，十分可惜。笔者就教保姆琼姨用苹果煮瘦肉汤给他们喝。蒲蛰龙十分喜欢，说这个汤既有营养又好喝。久而久之，苹果瘦肉汤成为蒲蛰龙家里的日常例汤。蒲蛰龙生病住院没胃口吃饭时，还说苹果瘦肉汤是他最喜欢喝的汤。

第十五章 难忘 1997

最后的生日

1997年12月31日,昆虫学家蒲蛰龙永远地离开了我们,留给我们的是长久的思念。

时间回到1997年6月19日下午,中山大学生科院和昆虫学研究所举办了"庆祝蒲蛰龙先生八十五寿辰"活动。中大校长王珣章、原副校长魏聪桂、校办主任陈

1997年6月,蒲蛰龙在85岁寿辰庆祝活动中吹生日蜡烛。

瑞莲、生科院院长周昌清、生科院副院长黄治河、中大昆虫学研究所所长庞义等参加活动，蒲蛰龙的得意门生也来了不少。庞义主持了活动，陈瑞莲、周昌清、黄治河等讲话，他们高度赞扬了蒲蛰龙对我国教育事业及农林业生产、生态文明建设等方面所作出的杰出贡献。蒲蛰龙也对大家的关爱与帮助表示感谢。

20世纪90年代以来，中大昆虫学研究所的领导和蒲蛰龙的学生几乎每年都会为他庆生。但是，谁也想不到，这是最后一次。

1997年7月1日，香港回归祖国。6月30日午饭时，蒲蛰龙还叮嘱保姆琼姨晚饭要早点吃，因为晚上要看香港回归的电视新闻。晚上6点后，他就和坐在轮椅上的妻子利翠英安静地守在客厅的电视机前。利翠英因身体原因，看了一会儿就在轮椅上睡着了，蒲蛰龙独自在客厅的沙发上看中央电视台的直播。他数着嘀嗒的秒针，与无数海内外中华儿女一样激动而焦急地等待着。看到香港终于回到祖国怀抱，他激动的心情难以平静，看电视直播到深夜，才回房间休息。躺在床上，他的脑海里全是香港回归的画面。7月1日上午，他跟笔者讲起见证香港回归的情景，虽然难掩疲态，但还是兴致勃勃的。

两位昆虫学泰斗的最后相会

1997年7月7日，蒲蛰龙在古德祥、庞义、张宣达

1997年7月7日,蒲蛰龙(左)前往华南农业大学看望赵善欢(右)。

等教授的陪同下,前往华南农业大学和广东省农业科学院考察。华南农业大学的仁面树、柑橘树等植物曾经受粉蚧壳虫和吹绵蚧壳虫为害,1955年蒲蛰龙从苏联引进了澳洲瓢虫和孟氏隐唇瓢虫进行繁殖,成功抑制了害虫。蒲蛰龙一行来到当年做试验的仁面树下,看到树上还有瓢虫"警察"在维护着生态秩序,说明害虫天敌已永久落户,形成保护生态平衡的屏障,他深感欣慰。随后,蒲蛰龙提出要去看望赵善欢先生。

上午10点半,大家来到赵先生家里,他的夫人刘秀琼教授热情地接待了蒲蛰龙一行。蒲、赵两位先生都是昆虫学家,也都是在1980年成为中国科学院学部委员的,他俩是广东人引以为傲的"两条虫"。他们年轻时一起共事多年，都一心一意专注于害虫治理，为国家建设发展作出了重要贡献。此时此刻，两位成就卓著的大学者又聚在一起，蒲蛰龙亲切地问候赵先生，可严重脑退化的赵先生已然听不清他的话语。

生命倒计时

自 1997 年 7 月中旬开始，蒲蛰龙经常感到不舒服，血压偏高，以至头晕。耳朵也不太好使了，特别是右耳听觉障碍严重，即使戴上助听器还是听不清楚，口腔也总是有炎症。9 月初，保姆琼姨在厨房工作时昏倒，需要住院观察治疗。蒲蛰龙和利翠英身边没有熟悉的人照料，临时请的保姆他们又不习惯，直到琼姨出院后回来才发现蒲蛰龙失眠严重，常常是整晚失眠、尿频，即使吃了安眠药也无济于事。10 月 6 日晚，蒲蛰龙发烧不退，病情严重，7 日入住中山医科大学孙逸仙纪念医院。医院诊断出蒲蛰龙患了前列腺癌。

就在蒲蛰龙住院期间，10 月 21 日，水稻生态系统有害生物防治综合治理国际学术研讨会在中山大学召开，来自联合国粮农组织和各国的代表 200 余人参会。令人惋惜的是，为谋划和筹备会议付出极大心血的蒲蛰龙却因病住院，未能参加会议。

10 月 29 日，医院的泌尿科专家为蒲蛰龙做了手术，本以为可以摘除病灶，但随后又发现肺部有癌块，而他年迈的身体已经无法再承受手术了。蒲蛰龙住院后，中山大学领导恳请医院无论如何都要尽力医治好先生的病。他的老同事、老朋友及各方人士闻讯后都前往医院看望，不少港澳台地区和远在海外的亲朋好友也纷纷赶来。中山大学昆虫学研究所的领导和同事，更是几乎天天往医院跑。他的弟弟蒲焕龙、堂弟蒲伟龙及侄儿、侄女都从广西钦州赶来，他的学生魏聪桂、王珣章、古德祥、周昌清、庞义、张润杰、刘昕等也常到病房看望他，刘昕还请他的夫人炖营养汤送到医院给蒲蛰龙喝，其他学生也偶尔带上饭菜、汤水、麦片、点心给老师。其实蒲蛰龙因病毫无胃口，吃多了又容易呕吐，但他总想着多吃点，让大家安心，也能尽早出院。

没有人告诉蒲蛰龙患病的真相。他跟笔者聊天时忧心忡忡地说："医院的设备已经很好了，我的心肝脾肺肾都没甚大碍，不知道为什么总是发烧，没胃口，容易呕吐，一天到晚总是沉睡。住院那么长时间，病情不见好转，看来医好是困难的了。我担心有一天就这样沉睡下去醒不来了。"也许，当时蒲蛰龙已经感觉到什么了。

尽管各方都在努力，但还是回天乏术。凶猛的癌细胞不仅转移到肺部，还扩散到身体其他部位。12月21日，蒲蛰龙预料到自己来日无多，他请他的博士张文庆往中大传话，请生命科学学院和昆虫学研究所领导来医院，有事相商。

12月22日，中山大学生命科学学院的周昌清和黄治河、中山大学昆虫学研究所的古德祥、庞义、张润杰，中山大学统战部的叶育昌等前来医院。蒲蛰龙强撑病体，靠坐在床前，郑重其事地交代他的两个心愿：一是建立一个档案室，整理和保管好他和昆虫所的各种研究资料；二是以他绝大部分的积蓄成立蒲蛰龙科学基金，用于奖励在昆虫学研究上作出贡献的师生。他补充说："过去对陈焕镛先生的档案有争议，要照丁颖先生那样的模式搞好档案室，整理和保存好研究档案资料，这个问题希望你们研究一下，要从组织上保证昆虫所的发展。"至于基金会，他说："蒲蛰龙基金不是我个人的，它只是以我个人的名字来命名，实际上是大家的，这个基金要不断发展扩大，要争取各方面的资助。蒲蛰龙基金是有生命力的，它跟昆虫所的发展有密切联系，要使它成为昆虫所发展的有力保证。"

此后，蒲蛰龙的精神一天比一天差，几乎吃不下东西，一直说头晕。12月26日凌晨3点多，蒲蛰龙突发呼吸困难，心跳达每分钟130多次，几近昏迷。经医生抢救，清晨5点多转危为安，但医生也下了病危通知书。12月29日上午，医院为他拍片，发现肺部肿块增大，肺部感染并有积液。蒲蛰龙在打吊针、输血、吸氧治疗中，多次梦呓般喊着："我想站起来走走……"

12月30日，听说蒲蛰龙身体有恶化迹象，下午5

点多，昆虫所的古德祥、庞义、张润杰教授等人又相约一起到病房看望他。看到老师精神不错，还跟他们开玩笑说了一会儿话，大家都以为蒲蛰龙身体还不算很糟糕。可是到半夜 0 时，又是急速喘气，心跳加速。在医生抢救蒲蛰龙的时候，养女钟凤仪分别致电中大校长王珣章、中大昆虫学研究所几位领导及蒲蛰龙的亲属。众人的牵挂还是未能挽留住他的生命：12 月 31 日 0 时 45 分，蒲蛰龙抢救无效逝世，享年 86 岁。

蒲蛰龙逝世后，中山大学收到了来自国内外各界人士的近千个唁电，人们对他的逝去悲痛万分。中国科学院、中国农科院、北京大学、复旦大学等众多机构和高校的科研工作者，美国、加拿大、澳大利亚、德国、法国、日本、菲律宾、以色列等国家的有关研究机构、高校和个人发来唁电。国际无脊椎动物病理学会主席、美国加州大学教授布列恩·弗多里兹（Brian A. Federici）发来唁电说："蒲蛰龙教授在昆虫病理学领域作出了杰出贡献，他不仅在中国而且在全世界都受到尊敬。蒲蛰龙教授在科学研究上硕果累累，同时还培养出许多优秀人才。在昆虫病理学领域，他致力于各国之间的合作，他的地位是不可替代的，他将永远活在我们心中。"他的唁电，也是许多人的心声。

1998 年 1 月 6 日，蒲蛰龙遗体告别仪式在广州市殡仪馆举行。中共广东省委省政府、中国科协等单位和主

1998年1月6日,蒲蛰龙教授告别会。

要领导敬送了花圈,广东省副省长卢钟鹤、省高等教育厅厅长许学强、中山大学校长王珣章及蒲蛰龙生前的亲朋好友等800多人参加了遗体告别仪式。灵堂上的两副挽联"创世纪工程簧宫蛰影留巨绩,为民生除害科苑龙归哭宗师"(陈永正撰联),"敬事业德高望重科教界一代楷模,育英才为人师表海内外万古流芳"(林平撰联),道出了蒲蛰龙高风亮节、无私奉献的一生。

风范永存

蒲蛰龙从小立志科学报国,将自己的毕生才智奉献给祖国的科研事业和人才培养。他研究的生物防治原理和方法，在当今农林牧生产和生态环境保护中广泛应用。他为我国现代生物防治科技事业打下了良好的基础，让生防科研工作者充满信心和希望，为我国生态文明建设与可持续发展作出了卓越的贡献。

为缅怀中国生物防治奠基人蒲蛰龙，1998年12月31日，中山大学设立蒲蛰龙纪念室。纪念室陈列着昆虫标本、笔记、资料等，墙上的照片展示着蒲蛰龙在各时期从事科研教学的历程。

2002年7月28日，中山大学和广东省科学技术协会举行蒲蛰龙院士诞辰90周年纪念活动，启动蒲蛰龙学者科学基金。蒲蛰龙的学生、中山大学昆虫学研究所

1998年12月31日，中山大学校长王珣章（左三）为蒲蛰龙纪念室雕像揭幕。

所长庞义在纪念大会上讲道:"蒲蛰龙先生几十年来的言行举止,他的崇高品德,他献身科学和教育事业的精神深深地感染了我们。我常常想,为什么蒲先生赢得了那么多的荣誉和赢得那么多人的尊敬?我们要在他身上学习些什么?……蒲先生这种在科学的道路上永不言止的精神影响了几代人。在我们中间不少的老教师,虽然退休了,甚至退休多年了,还是心系昆虫学科建设,还在忘我地工作,而中青年教师则在这一领域里努力拼搏,上下形成一个团结奋斗的集体,令许多兄弟单位为之羡慕。"令人欣慰的是,蒲蛰龙的两个遗愿皆已成真。

为了激励后辈传承弘扬蒲蛰龙热爱祖国、热爱人民的高尚品德和献身科学的精神风范,蒲蛰龙的学生们希望能为老师建立一座雕像,以勉励后学为科学事业作贡献。经学校同意,教育部食品与健康工程研究中心主任刘昕教授特请雕塑家、广州美术学院教授潘鹤创作了蒲蛰龙汉白玉雕像。2006年12月31日,纪念蒲蛰龙院士诞辰95周年暨雕像揭幕仪式在中山大学生命科学学院举行,中山大学校长黄达人、广东省政协副主席王珣章、广东省科学技术协会党组书记梁明等出席活动。蒲蛰龙汉白玉雕像坐落在中山大学生命科学学院左侧的绿化草坪上,他的科学报国精神和为科教事业奋斗一生的光辉事迹,将永远激励着科研后学与中大学子前行。

2002年和2012年,中山大学分别出版了《蒲蛰龙

中山大学校园的蒲蛰龙汉白玉雕像。

纪念影集》和《南中国生物防治之父——蒲蛰龙院士》，钦俊德、张广学、尹文英、庞雄飞、卢永根、印象初、郭予元、孙儒泳、林浩然等院士为纪念集题词，以缅怀蒲蛰龙先生。

蒲蛰龙在生物防治上取得的成就也引起了美国学者的关注。美国加利福尼亚大学圣迭戈分校博士、马萨诸塞大学阿默斯特分校历史学教授舒喜乐（Sigrid Schmalzer），对1949年以来的中国科学史颇有研究。

她为了研究中国20世纪六七十年代"科学种田"的发展状况,于2010年6月专程来到中山大学,采访了蒲蛰龙生前的工作部门与古德祥等教授,还在古德祥的陪同下前往四会市采访了麦宝祥,对蒲蛰龙的科研工作进行了深入的调查研究。2016年,她的学术著作《红色革命与绿色革命:社会主义中国的科学种田》在美国芝加哥大学出版社出版,其中第二章重点写蒲蛰龙,说蒲蛰龙是有信仰的科学家,他以昆虫学的科学知识服务于中国人民,为农民解决生产实际问题,并列举了蒲蛰龙从甘蔗、荔枝的虫害防治转向水稻害虫综合防治等科研实践是"土洋并举"的经典体现。

2018年,由舒喜乐撰写、梅兰妮(Melanie Linden Chan)绘画的儿童科普读本《飞蛾和黄蜂,土壤和海洋:纪念中国科学家蒲蛰龙为可持续农业所做的工作》在美国蒂尔伯里出版社出版。作者透过一个农场男孩,把受蒲蛰龙启发的回忆讲出来:"我在村子里第一次见到科学家,也是第一次看到黄蜂从蛾子里孵出来,在那一刻,我无法说出哪个更出乎意料,哪个更神奇。"书中更是指出,在20世纪60年代初,当蕾切尔·卡森(Rachel Carson)《寂静的春天》出版之时,蒲蛰龙正在教导中国农民如何放弃杀虫剂,转而使用寄生黄蜂来控制这些正在毁坏农作物的飞蛾。舒喜乐借助梅兰妮精美的水彩画描绘出这个故事,书写了中国科学家在生物防治上的努力与成就。有趣的是，梅兰妮的丈夫祖籍就在中国广东省的珠江三角洲，她在家人的帮助下完成了该书的艺术创作。该书在美国出版后颇受欢迎。

对于蒲蛰龙的事迹，国内不少媒体相继予以报道。2023年5月14日，舞台剧《奋斗的岁月》首次在中山大学南校区梁銶琚堂演出，剧中的第一幕就是"蒲蛰龙——把科研做在祖国大地上"，重点讲述了蒲蛰龙坚持把科学实验延伸到田间地头，为我国的农业发展和民生事业作出杰出贡献的光辉事迹，颂扬他在生态文明科技发展中的先驱作用。

可以告慰蒲蛰龙的是：2023年6月28日，十四届全国人大常委会第三次会议表决通过，将每年的8月15日设立为"全国生态日"。蒲蛰龙竭尽所能保护生态平衡、为实现人与自然和谐发展所作出的重要贡献没有白费！一部人类文明史，也是一部人与自然关系的发展史。我们纪念蒲蛰龙，不仅是纪念他在生物防治方面的丰硕成果，还要从我国国民环保意识的觉醒、国家生态文明建设迈向新时代的层面上来理解。

唯有初心不变、心存敬畏，方能行稳致远。总结中国现代生物防治的开拓者和奠基人蒲蛰龙崇高而伟大的一生，有助于我们了解中国生物防治与生态文明建设筚路蓝缕的发展历程，深刻理解"人因自然而生，人与自然是一种共生关系"的重要性，传承老一辈科学家爱国爱民的家国情怀和坚守笃行的奉献精神,激励一代又一代的年轻人为建设人与自然和谐共生的美丽中国而不懈奋斗。

附录：蒲蛰龙大事年表

1911 年

7月14日（农历六月十九日）在云南出生。

1912—1924 年（1—13 岁）

主要接受家庭教育，短暂在北海小学、防城小学、东兴小学、钦县高级小学读书。

1925—1928 年（14—17 岁）

在广州执信中学读初中，开始系统学习小提琴。

1928—1931 年（17—20 岁）

在国立中山大学附属中学读高中和预科。

1931—1935 年（20—24 岁）

在国立中山大学农学院学习。

1935—1937 年（24—26 岁）

在燕京大学跟随胡经甫教授读研究生。

1937 年（26 岁）

7月6日，从燕京大学毕业回到广州，在国立中山大学农学院任教。

1938 年（27 岁）

10 月，广州沦陷，随国立中山大学西迁。

1939 年（28 岁）

2 月，抵达云南澄江。

3 月，国立中山大学农学院在澄江复课。

1940 年（29 岁）

上半年，在澄江进行利用细菌防治蔬菜、林木害虫试验。

8 月，被聘为国立中山大学农学院副教授。

9 月，随国立中山大学农学院迁到湖南宜章栗源堡。

1941 年（30 岁）

12 月，《云南澄江白粉蝶幼虫细菌防治之初步试验》论文在国立中山大学《中山学报》第 2 期发表。

1942 年（31 岁）

元旦，蒲蛰龙和利翠英在栗源堡结婚。

是年，任国立中山大学农学院办公室主任。

1944 年（33 岁）

4 月，英国学者李约瑟到粤北考察，与蒲蛰龙夫妇交谈。

是年，兼任农学院训导主任。

1945 年（34 岁）

10 月，升为国立中山大学教授，学校从粤北迁回广州。

1946 年（35 岁）

10 月，赴美国明尼苏达大学攻读博士学位，师从昆虫分类学家米克尔教授。

1949 年（38 岁）

7 月，获明尼苏达大学哲学博士学位，被选为斐陶斐荣誉学会会员。

11 月，从美国旧金山回到广州，任国立中山大学农学院教授。

1950 年（39 岁）

1 月，兼任广东省农林厅石牌试验场场长。

是年，开展利用赤眼蜂防治甘蔗螟虫研究。

1951 年（40 岁）

9 月，任国立中山大学农学院病虫害系主任。

是年，进行繁殖赤眼蜂防治甘蔗螟虫系列研究试验。

1952 年（41 岁）

4 月，《反细菌战中防御昆虫毒害问题》刊登在《中山医报（反细菌战专号）》第 2 期。

5 月，兼任新成立的广东省农业试验场场长。

11 月 10 日，任新成立的华南农学院教授。

1953 年（42 岁）

3 月，受聘为中山大学生物学系教授。

是年，《甘蔗钻心虫卵寄生蜂和室内寄主繁殖研究简报》刊登在《中南虫讯》第 11、12 期合本上。

1954 年（43 岁）

6 月 11 日，率领研究团队做繁殖赤眼蜂防治害虫的第一次试验。

1955 年（44 岁）

4—11 月，分批收到从苏联寄来的澳洲瓢虫、孟氏隐唇瓢虫，繁殖成功后应用于防治植物害虫。

1956 年（45 岁）

4 月 30 日—5 月 10 日，当选为全国先进工作者，出席在北京召开的全国先进生产者代表会议。

6 月，《中国牙甲总科长须甲属昆虫志》发表在当年《昆虫学报》第 3 期。

9 月，正式调到中山大学生物学系工作，任昆虫教研组主任，仍兼华南农学院教学工作。

1957 年（46 岁）

成功利用澳洲瓢虫防治电白县博贺木麻黄树的吹绵蚧壳虫。

1958 年（47 岁）

6 月，《中国牙甲总科滨甲属昆虫志》发表在当年《昆虫学报》第 3 期。

9 月，为广东省农业厅等单位主办的"利用赤眼蜂防治蔗螟"专题技术训练班讲课。

9 月 28 日，兼任中国科学院广州昆虫研究所所长。

9 月，带队到广西十万大山考察。

12月，与刘志诚合著的《利用赤眼蜂消灭甘蔗螟虫》由广东人民出版社出版。

1959年（48岁）

3月，邀请苏联列宁格勒大学昆虫生态学专家格里逊来中山大学生物学系讲学。

6月29日，任新成立的中山大学昆虫生态实验室主任。

7月21日，当选为中山大学第一届校务委员会委员。

1960年（49岁）

当选为第四届广州市人大代表（第五届连任）。

是年，开展利用平腹小蜂防治荔枝蝽象的研究试验。

是年，中山大学恢复招考研究生，被选为全校招生试点教授，招收了3名研究生。

1961年（50岁）

4—5月，率领研究团队分别在广州郊区从化县、花县的荔枝园做释放平腹小蜂防治荔枝蝽象试验。

5月，当选为中国昆虫学会第一届理事会理事。

9月，《孟氏隐唇瓢虫和澳洲瓢虫的繁殖和利用》收录于《中国植物保护科学》，由科学出版社出版。

1962年（51岁）

1月，当选为中山大学第二届校务委员会委员。

3月10日，在第一届"羊城音乐花会"上表演小提琴独奏《新疆之春》《小夜曲》。

6月，任中山大学昆虫生态研究室主任。

11月，出席中国昆虫学会在广州召开的学术讨论会。

是年，带队到广西容县考察山蚕饲养。

1963年（52岁）

2月，当选为中山大学自然科学学术委员会委员。

3月2日，当选为广州市社会主义建设先进生产（工作）者代表。

是年，把山蚕从广西容县引种到中山大学昆虫生态研究室内饲育。

1964年（53岁）

是年4月至1965年4月，通过山东省农业科学院、辽宁蚕业研究所引来胶蓝柞蚕种蛹在实验室饲养研究。

7月8—18日，参加在北京举办的中国昆虫学会成立20周年庆祝大会暨学术讨论会。

是年9月至1965年6月，指导研究人员前往粤北、海南岛、湖南湘西调查野蚕资源，在广东广州、清远和河南信阳进行柞蚕室内外饲养试验。

11月12—23日，在中山大学建校40周年展览会上，展示赤眼蜂防治甘蔗螟虫等科研成果。

12月21日，赴京出席第三届全国人民代表大会第一次会议。

是年，应邀到捷克斯洛伐克和英国出席国际会议。

1965年（54岁）

1月，与叶育昌合写《用乌桕叶饲养蓖麻蚕》刊登在《中山大学学报》第 1 期。

1966 年（55 岁）

1月3—6日，到粤北调查柞蚕饲养资源。

5月14日，前往湖南黔阳山区指导柞蚕饲养。

1968 年（57 岁）

11月，到广东省乐昌县坪石公社天堂大队中山大学"五七"干校劳动。

1969 年（58 岁）

6月，随学校迁往广东英德"五七"干校劳动。

7—8月，参加中山大学生物系"昆虫学教育革命实践队"，到顺德、中山、东莞等珠江三角洲地区调研考察。

10—12月，到东莞指导利用平腹小蜂防治荔枝害虫试验。

1970 年（59 岁）

春，在东莞县 12 个公社荔枝园释放平腹小蜂防治荔枝蝽象。

1972 年（61 岁）

8月13—14日，前往四会县大沙公社开展水稻害虫防治调查研究，为当地干部、农业技术员普及生物防治。

11月2—5日，冒着台风雨到四会大沙调研。

1973 年（62 岁）

初春，在四会县大沙公社安二大队马村，开展以发挥天敌效能为主的水稻害虫综合防治试验。

4月3—11日，前往四会大沙公社指导生产杀螟杆菌，到肇庆指导生物防治工作。

1974年（63岁）

1月9—10日，前往四会大沙公社落实扩大面积进行水稻害虫综合防治的试验。

3月—5月，多次到四会大沙公社指导害虫防治工作。

6月，到广东乳源天井山考察，看望中山大学昆虫专业在该地"开门办学"的师生，并为大家讲课。

11月15—22月，出席在广东韶关举办的全国农作物主要病虫害综合防治讨论会，作大沙水稻害虫综合防治经验介绍。

1975年（64岁）

1月6—7日，前往四会大沙公社指导水稻害虫防治工作，考察堤围外耕地越冬虫源和天敌资源。

1月13日，赴京出席第四届全国人民代表大会。

5月，率领中国科学院生物防治代表团赴瑞典参加中瑞双边害虫生物防治学术讨论会，其间到瑞典乌普萨拉大学做学术报告。

6月，率领中国科学院生物防治代表团访问加拿大。

8月27日，陪同美国害虫防治考察团到四会县大沙公社考察"综防"成果。

10月，到四会大沙出席中山大学生物系七五级学生的开学典礼并讲话。

是年，多次到四会大沙公社指导害虫防治工作。

1976年（65岁）

4月13—28日，出席在北京召开的《中国动物志》编委会议。

5—8月，多次前往四会大沙指导害虫生物防治。

是年，应全国植物保护培训班邀请，到华南热带作物学院作关于生物防治的专题报告。

1977年（66岁）

7月8日，参加中共广东省委统战部举行的"向科学进军"座谈会并发言。

9月1日，接待英国皇家学会生物防治考察团到四会县大沙公社考察参观。

9月，主编的《害虫的生物防治》由科学出版社出版。

12月7日，前往四会大沙为全县农业科技人员讲课。

是年，当选为广东省昆虫学会第一届理事会理事长。

1978年（67岁）

1月，在广东省林学会作"利用病毒防治松毛虫"学术报告。

2月26日，赴京参加第五届全国人民代表大会。

3月18日，赴京参加全国科学大会，有3项成果获奖。

6月7—9日，前往四会大沙考察生物防治效果，前往清塘公社指导害虫生物防治工作。

7月15日，中山大学昆虫学研究所成立，首任所长。

10月，中山大学恢复招收研究生，当年招收了6位研究生；主编的《害虫生物防治的原理和方法》由科学出版社出版。

是年，到斗门县斗门公社进行利用DpCPV防治马尾松毛虫试验。

12月，参加在广州召开的中国昆虫学会第二届学术年会，当选为副理事长。

1979年（68岁）

3月12日，被任命为中山大学副校长。

4月，创办《昆虫天敌》期刊，首任主编。

7月16—17日，前往四会大沙考察农田生态情况。

9月，"利用赤眼蜂防治稻纵卷叶螟"获1979年广东省科学大会奖。

10—12月，前往美国5所大学讲学，出席美国昆虫学会1979年年会。

1980年（69岁）

5月12—15日，出席在美国康奈尔大学举办的"用微生物治理害虫"会议。

6月29日，接待到访中山大学的美国内布拉斯加大学校长罗恩·罗斯肯斯。

7月2日，接待到访中山大学的美国农业部生物防治考察团。

7月2—7日，出席广东省科协第二次代表大会，当选为广东省科协第二届委员会主席。

9月12日,美国明尼苏达大学农学院院长詹姆斯·塔门前来北京为蒲蛰龙颁发"明尼苏达大学优秀成就奖"奖章和奖状。

11月,当选为"中国科学院学部委员"。

1981年(70岁)

1月29日,任广东省生态学会筹备委员会主任。

6月11日,接待到访中山大学的美国纽约市立学院代表团。

6月13日,任国务院学位委员会第一届学科评议组(理学评议组)成员。

6月28日,当选为广东省生态学会第一届理事会理事长。

11月2日,主编的《害虫生物防治的原理和方法》被列为全国高校通用教材。

11月23日上午,出席中山大学与香港中文大学举行的"学术交流协议书"签订仪式。

11月,成为全国第一批博士生导师之一。

1982年(71岁)

2月5日,主持召开广东省生态学会常务理事扩大会议,创办《生态科学》杂志。

4月21—25日,接待前来中山大学讲学的美国夏威夷比什普博物馆研究员嘉理思博士。

8月，出任广东省政府新成立的广东省职称评审委员会主任。

10月，在南京出席中国昆虫学会第三届全国代表大会暨学术讨论会，当选为中国昆虫学会第三届理事会副理事长。

12月，代表中山大学与中国原子能农学会同位素示踪技术训练班学员座谈。

是年，组织中山大学昆虫学研究所、数学力学系及计算机科学系的教师到四会县大沙公社调研，建构害虫动态预测及防治的数学模型。

1983年（72岁）

1月，出席《中国农业百科全书·昆虫卷》（生理分支）编委会会议；主编的《苏云金杆菌以色列变种防治蚊幼虫的研究》由中山大学出版社出版。

2月，当选为第一届中山大学校友会副会长。

3月，在亚太地区蚕桑培训中心授课。

6月1—5日，应邀出席在江苏常州召开的生物防治科技座谈会。

6月6日，赴京出席第六届全国人民代表大会。

6月12—18日，出席在上海举办的上海昆虫研究所评议会。

6月，到山西大学讲学，其间在大同十里河、朔县神头采集水生昆虫。

10月8—12日，主持中国昆虫学会在贵州贵阳花溪召开的全国生物防治学术讨论会并致开幕词，作"昆虫病理学研究"专题报告。

10月16—17日，出席在广东四会大沙举行的水稻害虫综合防治阶段成果评议会，在会上发言。

12月，应邀到武汉大学讲学。

是年，赴郑州出席昆虫病原线虫成果鉴定会。

是年，开始招收博士生，庞义为第一位博士生。

1984年（73岁）

3月，在广州召开"迎接新技术革命挑战"座谈会，撰写了《做迎接第三次浪潮的"弄潮儿"》文章。

4月，接待日本九州大学生物防治研究所所长鲇泽启夫教授。

5月，出席动植物检疫技术咨询委员会成立大会。

6月23日，出席在四会县举办的水稻害虫综合防治鉴定会。

6月30日，接待来自美国圣塔克拉拉大学电机工程及计算机科学系主任陈树柏教授。

8月20—26日，率领中国昆虫学家代表团出席在联邦德国汉堡市举行的第十七届国际昆虫学大会，其间应邀到法兰克福大学动物系等单位讲学。

10月23—26日，出席在中山大学举办的水稻生态系统现场学术交流会。

11月16日，当选为广东省生态学会第二届理事会名誉理事长。

11月18—24日，出席在北京举行的中国昆虫学会成立40周年庆祝大会暨学术讨论会，并致开幕词。

1985年（74岁）

3月13日，出任中山大学校务委员会委员。

6月16—22日，出席联合国粮农组织、联合国环境规划署和中国国家环保局在广州召开的为发展中国家农业害虫生物防治国际专家咨询会，在会上做《中国生物防治概况》学术报告。

6月25日，率领广东省科协和广东省生态学会专家到中国香港考察生态环境。

9月，荣获"广东省高教战线先进工作者"称号，中山大学昆虫学研究所荣获广东省人民政府授予的"先进集体"称号。

10月，"以生物防治为主的水稻害虫综合防治"研究成果获"国家科技进步奖"三等奖。

是年，接待到访中山大学的英国昆虫学家帕韦尔（Pawell）博士、加拿大生物防治代表团、法国生物防治代表团。

1986年（75岁）

1月1日，在中山大学春节团拜会上，会见了国际著名生理学家、加拿大兰德尔（D. J. Randall）教授和苏联芭拉尼柯娃教授（G. B. Laniceva）。

2月11日，中共广东省委副书记谢非前往中山大学看望蒲蛰龙。

3月25日，牵头与研究团队共同撰写的《大沙区水稻害虫综合防治研究》荣获"广东省科协优秀论文"一等奖。

3月25日至4月12日，出席第六届全国人民代表大会第四次会议。

4月，被广东省昆虫研究所聘为专业职务评审委员会主任委员。

6月23—27日，出席中国科学技术协会第三次全国代表大会，当选为中国科协第三届理事会理事。

10月30日至11月2日，出席在厦门召开的天敌昆虫学术讨论会。

11月10—15日，担任第二届国际赤眼蜂及其他卵寄生蜂学术讨论会主席。

11月，被聘为《广东省志·科学技术卷》顾问。

12月20—22日，当选为广东省科协第三届委员会主席。

是年，被聘为高等学校实验室管理研究会名誉顾问。

1987年（76岁）

1月，被聘为广东省青少年科技活动领导小组顾问；接待到访中山大学的日本九州大学同窗会代表团。

3月,被聘为中国昆虫学会第四届理事会名誉理事,《昆虫学报》《动物分类学报》编委。

5月14—15日,接待前来中山大学昆虫学研究所参观讲学的英国北威尔士大学动物生态学院盖特豪斯(Gatehouse)教授。

夏天,接待美国昆虫学家丁休(Hugh Ding)博士夫妇。

9月6—10日,出席农牧渔业部植保总站在广州召开的全国生物防治座谈会。

11月,出席在成都召开的中国生态学会第三届全国会员代表大会,被聘为中国生态学会荣誉理事。

是年,被聘为中国高等学校自然科学学报研究会名誉会长。

1988年(77岁)

2月9日,应邀参加"(广东)省领导与科学家对话会"座谈会,广东省委书记林若、省长叶选平等出席该会议。

3月25日至4月13日,赴京参加第七届全国人民代表大会第一次会议。

5月,"黄猄蚁有关史料及其应用于柑桔害虫防治的研究"获"国家教育委员会科学技术进步奖"二等奖。

6月23日,出席在中国福建省福州市举办的"纪念澳洲瓢虫输引成功100周年"全国瓢虫学术讨论会,发表了《澳洲瓢虫引进我国简述》。

7月5日，赴京参加生物防治国家重点实验室答辩会。是月，"昆虫病原微生物的研究"获"国家教育委员会科学技术进步奖"二等奖。

是年，接待了美国林业昆虫学家维蒂翁（L. F. Wition），共同讨论松突圆蚧害虫防治问题。

12月16日，当选为广东省生态学会第三届理事会名誉理事长。

1989年（78岁）

1月6日，出席在中山大学举行的第三次全国生物无机化学学术交流会。

1月30日，与梁灵光、王屏山、蚁美厚等29人发起成立广东省青少年科学基金会的倡议，成为广东省青少年科技活动领导小组成员。

3月，被国家教育委员会授予"老有所为精英奖"。

12月25日，被国务院侨办评为首届"新时期全国侨界十大新闻人物"。

12月，被中华全国归国华侨联合会授予"全国优秀教师归侨""侨眷知识分子"称号。

是年，当选为国际有害动植物生物防治组织东南亚分部理事；到广宁县山区考察竹子害虫防治情况，提出套筒防治竹子象鼻虫的方法；接待了美国昆虫学家海德内（Hydeny）博士；接待到访中山大学的世界银行专家组组长。

1990 年（79 岁）

3 月，出席由香港《文汇报》、广东省科协和广东省社科院联合举办的"粤港经济关系座谈会"，发表《加强粤港科技合作，促进两地经济繁荣》讲话，被多家报刊媒体转载。

7 月，被聘为中国科学院生物学部咨询组顾问。

8 月 5—9 日，在广州主持召开海峡两岸中国昆虫学研讨会，作为大会主席致开幕词并做学术报告。

8 月，领导中大昆虫学研究所承担的国家"七五"科技攻关计划项目"三化螟预测与管理模型"在北京通过农业部组织的专家验收鉴定；主编的《农作物害虫管理数学模型与应用》由广东科技出版社出版。

9 月，接待来中山大学讲学的日本九州大学生物防治研究所所长村上阳三教授。

12 月 10 日，在广东省广宁县主持"以昆虫病原线虫防治竹象"成果鉴定会。

12 月 17—22 日，出席国家教委和国家科委联合召开的全国高校技术工作会议，被授予"全国高等学校先进科技工作者"。

12 月 19 日，出席广东省青少年科学基金会成立活动，当选为基金会常务董事、副董事长。

12 月 30 日，广东省委书记林若专程前往中山大学看望蒲蛰龙。

1991年（80岁）

1月，美国《有害生物综合防治实践者》杂志称蒲蛰龙为"南中国生物防治之父"。

6月28日，为广东省生态学会成立10周年大会题词"了解自然，利用自然，改造自然"。

9月26日，荣获"广东省关心青少年科技教育工作者"称号。

10月12日，中大昆虫学研究所被授予"七五"计划期间广东省高校科技工作"先进集体"称号。

11月10日，出席中山大学生命科学学院成立大会，担任首任院长。

12月20—22日，出席广东省科协第四次代表大会，当选为名誉主席。

1992年（81岁）

3月20日，在华南农业大学出席广东省第十一届"鸟节""爱鸟周"座谈会，和卢永根一起种下一棵榕树。

6月17日，被广东省委省政府授予"广东省杰出贡献科学家"称号。

6月19—20日，广东省科协和中山大学联合举办庆祝"蒲蛰龙教授从事教学、科研五十五周年学术讨论会"暨八十寿辰庆祝活动。

7月，研究团队成果"斜纹夜蛾核型多角体病毒杀虫剂中试生产及应用"获得1992年度"国家教委科技进步奖"二等奖。

9月7日，荣获首届"广东省南粤杰出教师奖"。

是年，主编的《昆虫病理学》由广东科技出版社出版。

1993年（82岁）

1月，向前来中山大学生命科学学院考察的广东省委书记谢非介绍工作情况。

3月15日，赴京出席第八届全国人民代表大会第一次会议。

3月16日，与22位专家联名提交"关于建立南岭国家级自然保护区的论证意见"。

4月，当选为广东老教授协会第一届名誉会长；出席GD-5型寄生蜂人工寄主卵卡机现场验收鉴定会。

12月17日下午，与前来中山大学视察的广东省委书记谢非就有关问题进行探讨。

12月21日，当选为广东省生态学会第四届理事会名誉理事长。

是年，研究团队科研成果"农作物害虫管理数学模型与应用"获得"国家教委科学技术进步奖"二等奖。

1994年（83岁）

3月12日，与29位专家共同提出《关于建立生态公益林补偿制度的建议》，提交给广东省人大常委会。

3月17—19日，出席在中山大学召开的生物防治国家重点实验室第一届学术委员会第一次会议。

3月，出席在肇庆举办的广东省昆虫学会年会并讲话。

7月5日，与16位专家联名向广东省人大常委会呼吁要"保护福田绿色长城"。

1995年（84岁）

1月23日，出席广东省农科院科技成就展览。

4月1—5日，出席在中山大学召开的第六届全国杀虫微生物学术讨论会，作为大会名誉主席主持大会开幕式并讲话。蒲蛰龙为大会题词"生物防治，造福人类"。

7月，到深圳市宝安光明农场考察平腹小蜂防治荔枝蝽象实验成果。

11月16—17日，出席由广东省昆虫学会主办的首届青年学术研讨会并致辞。

1996年（85岁）

9月19日，被评为"广州科技之星"。

12月20日，出席广东省昆虫学会成立60周年庆祝大会并讲话。

1997年（86岁）

6月19日，出席中山大学生命科学学院和昆虫学研究所举办的"庆祝蒲蛰龙先生八十五寿辰"活动。

7月4日，前往广州市中达生物工程有限公司考察生物农药"虫瘟一号"生产情况。

7月7日，前往华南农业大学考察，看望赵善欢院士，并到广东农科院植保所考察 GD-5 型寄生蜂人工寄主卵卡机。

10 月 7 日，因病入住中山医科大学孙逸仙纪念医院。

10 月 21 日，由蒲蛰龙总策划的水稻生态系统有害生物防治综合治理国际学术研讨会在中山大学召开。

12 月 31 日 0 时 45 分，蒲蛰龙因病逝世，享年 86 岁。

1998 年

1 月 6 日，蒲蛰龙教授告别会在广州市殡仪馆举行。广东省副省长卢钟鹤、省高等教育厅厅长许学强、中山大学校长王珣章及蒲蛰龙生前亲友参加了遗体告别仪式。

12 月 31 日，蒲蛰龙纪念室在中山大学马文辉堂举行揭牌仪式。

参考文献

一、著作

1. 中山大学昆虫学研究所编著，蒲蛰龙主编：《害虫生物防治的原理和方法》，北京：科学出版社，1978年。

2. 梁山、李坚、张克谟主编：《中山大学校史1924—1949》，上海：上海教育出版社，1983年。

3. 李国豪、张孟闻、曹天钦主编：《中国科技史探索》，上海：上海古籍出版社，1986年。

4. 蒲蛰龙主编：《农作物害虫管理数学模型与应用》，广州：广东科技出版社，1990年。

5. 中山大学、广东省科学技术协会组编：《蒲蛰龙选集》，广州：中山大学出版社，1992年。

6. 蒲蛰龙主编：《昆虫病理学》，广州：广东科技出版社，1994年。

7. 中国昆虫学会编：《中国昆虫学会成立五十周年纪念刊（1944—1994）》，内部资料，1994年。

8. 中国科学院学部联合办公室编：《中国科学院院士自述》，上海：上海教育出版社，1996年。

9. 黄仕忠编：《老中大的故事》，南京：江苏文艺出版社，1998年。

10. 黄义祥、易汉文主编：《中山大学大事记1924—1996（征求意见稿）》，内部资料，1999年。

11. 林浪主编：《雏鹰展翅趋鲲鹏——1924年至1949年在国立中山大学附属中学》，广州：中山大学出版社，2002年。

12. 《蒲蛰龙纪念影集》编委会：《蒲蛰龙纪念影集》，中山大学昆虫学研究所编印，2002年。

13. 陈汝筑、易汉文主编：《巍巍中山——中山大学校史图集》，广州：中山大学出版社，2004年。

14. 易汉文主编：《金声玉振——名人在中山大学演讲录》，广州：中山大学出版社，2004年。

15. 吴定宇主编：《中山大学校史（1924—2004）》，广州：中山大学出版社，2006年。

16. 冯双编著：《中山大学生命科学学院（生物学系）编年史：1924—2007》，广州：中山大学出版社，2007年。

17. 张润杰、庞义主编：《中山大学昆虫学研究所三十周年（1978—2008）纪念影集》，中山大学昆虫学研究所编印，2008年。

18. 《华南农业大学百年校庆丛书》编委会：《华南农业大学百年图史》，广州：广东人民出版社，2009年。

19. 古德祥、冯双主编：《南中国生物防治之父——蒲蛰龙院士》，广州：中山大学出版社，2012年。

20. 广东省文物考古研究所编：《抗战期间粤地教育历史纪事》，广州：花城出版社，2020年。

二、报刊文章

1. 蒲蛰龙：《云南澄江白粉蝶幼虫细菌防治之初步试验》，《中山学报》1941年第2期。

2. 《美国侵略者的任何抵赖与诡辩都推卸不了进行细菌战的罪责》，《人民日报》1952年3月30日第1版。

3. 蒲蛰龙：《反细菌战中防御昆虫毒害问题》，《中山医报（反细菌战专号）》1952年第2期。

4. "美帝国主义细菌战罪行调查团"东北分团：《关于美帝国主义在中国东北地区撒布细菌罪行调查报告书》，《人民日报》1952年4月5日第1版。

5. 《中山大学聘李始美为教授》，《人民日报》1958年6月22日第1版。

6. 《面向群众，面向实际，改造生物系》，《人民日报》1970年8月7日第2版。

7. 《在人民教师的岗位上——老教授的青春》，《人民日报》1972年10月13日第3版。

8. 《老教授的青春——记中山大学生物系教授蒲蛰龙》，《人民教育》1975年第11期。

9.《让昆虫学更好地为农业生产服务——记中山大学蒲蛰龙教授的事迹》,《广州日报》1975年11月19日第1版。

10.《让昆虫为农业现代化服务——记中山大学生物系教授、昆虫学家蒲蛰龙》,《人民日报》1977年11月22日第3版。

11. 国家科委外事局:《关于中国科协和美中学术交流委员会商谈一九七九年学术交流计划的情况简报》,《科技外事简报》1978年12月25日第1期。

12. 包建中:《蒲蛰龙教授是我国现代生物防治科技的主要开拓者和奠基人》,《昆虫天敌》1992年第4期。

13. 麦淑萍:《生物环保第一人——蒲蛰龙》,《岭南文史》2000年第1期。

14. 古德祥、张古忍、张润杰、庞义:《中国南方害虫生物防治50周年回顾》,《昆虫学报》2003年第3期。

15. 麦宝祥:《蒲蛰龙教授在大沙的日子》,《中山大学校报》2005年1月7日第6版、2005年2月23日第4版、2005年3月9日第4版连载。

16. 罗璇、罗琳:《民国广东高校农科学生团体活动对当今的启示——以中大农科与岭大农科为中心》,《农业考古》2012年第3期。

17. 章扬磊:《羊城春之歌——记1962年第一届羊城音乐花会》,《羊城晚报》2012年4月21日B10版。

18. 麦淑萍：《蒲蛰龙：改革开放后首批赴美讲学的科学家》，《世纪》2023年第3期。

后记

《蒲蛰龙传》完稿之时，我心中感慨良多——终于了却30年前的夙愿！此时此刻，我在心中默默祈祷，但愿蒲蛰龙先生在天之灵能看到。

蒲蛰龙先生一生淡泊名利、潜心治学，为我国的科教事业作出了杰出的贡献。期待这本书能让大家从中认识、了解真实的蒲蛰龙，能给我们的人生一点启发。在写这本书的过程中，我认识了更多像蒲蛰龙先生那样敬业执着，为国家建设发展不遗余力、贡献良多的专家学者，也发现不少像我父亲麦宝祥那样坚守岗位、为改变农村贫穷落后面貌而长期奋斗在"三农"一线的科技工作者，他们的崇高精神同样值得我们学习。

停笔之际，我要感谢许多人。感谢我亲爱的爸爸麦宝祥，他为该书提供了许多珍贵的资料，给了我莫大的支持。我衷心感谢中山大学的古德祥、魏聪桂、王珣章、庞义、刘昕、周昌清、黄治河、张润杰、卢爱平、陈振耀、庞虹、贾凤龙、崔秦睿等老师，华南农业大学倪根金、林慕婵等老师，九三学社广东省委会原主委黄明度、广东省立中山图书馆原副馆长倪俊明以及陈湘菀、陈平、王传三、钟凤仪、柯昭喜、周鹏涛等同志；感谢广东省档案馆、广东省科学技术协会、中山大学档案馆、华南农业大学档案馆、广东省文物考古研究院等单位；还要特别感谢已故的唐冀雪、金荫昌、姜淮章、林世平、庞雄飞、陈守坚、邓德蔼、钟家齐、刘志诚、刘秀琼等蒲蛰龙先生早年的同学、学生，他们为我的写作提供了许多宝贵的资料。

感谢陈永正、黄树森、章以武、方唐、陈初生、张桂光、吴承学、林岗、陈俊年、徐南铁、郭小东、陈剑晖、顾涧清、郑楚宣、戴伟华、沈飞德、谭君铁、陈灿、徐劲、陈海烈诸位先生的鼓励支持。特别是陈永正先生，他一直关心我的写作，给我修书提供许多宝贵的建议和意见，并偕同陈初生、张桂光先生分别为该书的出版赐予墨宝，以示鼓励，拳拳关爱之情令我感激不已。

感谢本人所在单位广东省人民政府参事室（文史研究馆）的各位领导、同仁为我的写作提供了良好的条件，让我能顺利完成该书。感谢我的家人，为我提供了后勤保障，使我得以安心写作。本书的撰写过程中，还得到很多领导、同事、朋友的大力支持帮助，未能一一列出，在此对他们表示诚挚的谢忱。

最后，感谢南方出版传媒副总经理肖风华、广东岭南古籍出版社常务副总编辑柏峰、副总编辑陈其伟及编辑赵璐、张榆琳，他们非常重视本书的出版，并认真帮助调整、考证、修改各篇章内容，尽心尽力，奉献精良。

本书根据一手资料撰写，力求翔实可靠。由于本人学识有限，挖掘到的蒲蛰龙先生资料尚未完整，书中如有错漏与不足，敬请读者批评指正。

麦淑萍

2024年5月16日